ALTERNATIV HEILEN

Herausgegeben von Gerhard Riemann

Robert Gray war Ernährungsberater und Direktor des »Food for Health Institute« in San Francisco, Kalifornien. Er gehörte der amerikanischen Vereinigung von Ernährungsberatern an sowie der staatlich anerkannten Vereinigung für Naturheilkunde. Als Direktor des »Food for Health Institute« publizierte er in den Bereichen Ernährungsberatung und Naturheilkunde. Er entwickelte innovative Wege zur Gesundheitsvorsorge. Seine Beiträge haben ihn in den USA als Heilkundigen bekannt gemacht. Er starb vor vier Jahren.

Deutsche Erstausgabe Oktober 1995

Titel der Originalausgabe: »The Colon Health Handbook«

Originalverlag: Emerald Publishing, Reno/Nevada
Umschlagillustration: Susannah zu Knyphausen
Satz: Ventura Publisher im Verlag
Druck und Bindung: Ebner Ulm
Printed in Germany
ISBN 3-426-76119-X

Robert Gray

Das Darm-Heilungsbuch

Gesundheit durch Kolon-Sanierung

Aus dem Amerikanischen
von Wolfgang Höhn

Knaur®

Inhalt

1 Verstopfung 9

Wie es zu Verstopfung kommt 10
Mukoide und nichtmukoide Stühle 11
Abführmittel sind keine Lösung 14
Chronischer Durchfall 15
Darmparasiten 16
Kontrolle der Mukoidbildung 16

2 Der Nutzen der Reinigung von Verdauungs- und Lymphsystem 18

Anatomische Varianten des Dickdarms 18
Resorption von Nährstoffen 22
Rückvergiftung (Autointoxikation) 24
Fäulnisbildung (Putrefaktion) 25
Stagnation 25
Würmer 26
Passagezeit 26
Nahrung und Fäulnisbildung 27
Die Notwendigkeit der Dickdarmreinigung 29
Körpergeruch und Dickdarm 30
Darmbakterien 32
Entgiftung der Lymphe 38
Lymphreinigung 44

Reflexzonen 46
Augendiagnostischer Nachweis 47
Der Einlaufeffekt 50
Vorbeugung durch Darmreinigung 51

3 Das Mukusproblem 53

Die Mukuskontroverse 53
Diskussion der Mukustheorie 54
Mukoide Substanzen 58
Mukoidbildung 59
Ernährungsumstellung 59
Mukoidbildende Nahrungsmittel 61
Mukoidbildende Einflüsse aus der Luft 67
Widerstandsfähigkeit gegen Mukoide 67
Antimukoide Mittel 71
Laktobakterien 71
Faserstoffe 76
Kleie 77
Negative Ionen 79
Mukoidbildung als generelles Problem 81

4 Mukoaktive Heilpflanzen 83

Mukotriptische Kräuter 84
Synergie 87
Reinigung der Lymphe 89
Dynamik des Arzneimittelgebrauchs 92
Reinigungsreaktionen 94

Vermeidung von Reinigungsreaktionen 96
Blutsäubernde Mittel 100
Was hindert Sie noch? 102

5 Die praktische Durchführung des Reinigungsprogramms 104

Wirkungen eines effektiven Dickdarm-Reinigungsprogramms 104
Kontrolle der Mukoidbildung 104
Lösung des stagnierenden Materials 106
Entfernung von gelöstem Material 107
Überblick über verschiedene Reinigungsmethoden 108
Ein umfassendes Programm zur Reinigung von Verdauungs- und Lymphsystem 113
Vermehrung von Laktobakterien 118
Die ersten Schritte bei der Reinigung des Verdauungssystems 120
Fortschritte bei der Reinigung 123
Mögliche Reinigungsreaktionen 125
Optimale Dosierung 129
Gegenanzeigen 130
Wirkungen des Programms 131
Kontrolle der Fortschritte 134
Abschluß des Programms 135
Bürstenmassage 136
Homöostase 138
Hinweise zur Ernährung 140

6 Natürliche Heilverfahren 145

Zufuhr von Laktobakterien 145
Regeneration des Dickdarms 149
Akute Beschwerden 151

Anhang 155

Erfahrungen mit der Darmsanierung 155
Tabelle 1: Mukoidbildende Wirkung von
Nahrungsmitteln und Präparaten 161
Tabelle 2: Anwendungstabelle 162
Tabelle 3: Darmreinigung auf einen Blick 163
Bestellungen und Informationen 165

1 Verstopfung

Nahezu jeder Mann, jede Frau und jedes Kind in der modernen Gesellschaft leidet heutzutage unter Verstopfung (Konstipation, Obstipation). Ja, sie sind tatsächlich verstopft, ob die Betroffenen es nun wissen oder nicht. Sie sind verstopft, auch wenn sie jeden Tag regelmäßig Stuhlgang haben. Sogar Menschen mit chronischem Durchfall leiden unter einer Art von Verstopfung.

Um diese Behauptung zu verstehen, sollten wir die Bedeutung des Wortes »Konstipation« betrachten: Seine lateinische Wurzel ist *constipare*, und das bedeutet »zusammendrängen, -stopfen«. Daher beschreibt Konstipation einen Zustand, in welchem der Stuhl zusammengepreßt ist.

Es gibt zwei Arten von Verstopfung: Bei der ersten sind die ausgeschiedenen Exkremente übermäßig zusammengepreßt; bei der zweiten haftet alter, verhärteter Kot an den Dickdarmwänden und wird nicht mit dem normalen Stuhlgang ausgeschieden. Beide Arten von Konstipation sind in der modernen Welt so weit verbreitet, daß kaum jemand sie als unnatürlich betrachtet. Wie wir noch sehen werden, gilt Stuhlträgheit im allgemeinen als normaler Stuhlgang, und nur wenige Menschen haben eine dunkle Ahnung davon, wieviel alter, verhärteter Kot ständig in ihrem Körper lagert.

Wie es zu Verstopfung kommt

Betrachten wir die Funktion des Dickdarms: Aus dem Dünndarm gelangen die Rückstände der verdauten Nahrung in flüssiger Form in den Dickdarm (Kolon). Durch Muskelkontraktionen längs des Dickdarms (Peristaltik) wird der Darminhalt in Richtung Mastdarm (Rektum) transportiert. Gleichzeitig sind die Dickdarmwände ständig dabei, dem Darminhalt Feuchtigkeit zu entziehen und Abfallstoffe aus dem Körper in den Dickdarm abzugeben. Je länger diese Rückstände im Kolon verweilen, desto mehr Feuchtigkeit wird daraus absorbiert, und desto trockener und zusammengepreßter werden sie sein. Bei einer Darmentleerung (Stuhlgang) pressen große, kraftvolle Muskelkontraktionen, die sogenannten Massen- oder Rollbewegungen, den Inhalt des unteren Kolons und des Mastdarms durch den After.
Die flüssige Masse, aus welcher der Stuhl (Fäzes) gebildet wird, kann in ihrer Konsistenz entweder dünnflüssig-wäßrig oder schleimig sein. Eine schleimige Masse wird durch die peristaltischen Bewegungen des Dickdarms langsamer befördert als wäßriger Kot. Daher ist die Passagezeit einer schleimigen Masse durch den Dickdarm länger. Weil sie länger im Kolon verweilt, wird ihr mehr Feuchtigkeit entzogen, und sie wird so stärker komprimiert.
Wenn aus einer schleimigen Masse im Kolon Feuchtigkeit absorbiert wird, wird diese zähflüssig. Bei weiterem Wasserentzug wird die Masse klebrig und bleibt bei ihrer Passage durch das Kolon als klebrige Schicht an den Dickdarmwänden haften. Wenn sich Schicht auf Schicht

von klebrigem Kot im Dickdarm ablagert, bildet sich oft eine zähe, gummiartige, nahezu schwarze Substanz.
Alter Kot kann sich auch in Taschen sammeln; außerdem kann er die Wände des Dickdarms und auch diejenigen des Dünndarms in ihrer ganzen Länge überziehen. Da er beim normalen Stuhlgang nicht ausgeschieden wird, bedarf es besonderer Verfahren, um die klebrigen Substanzen aufzulösen, die den Kot im Darm festhalten.

Mukoide und nichtmukoide Stühle

Die mukoide* Konsistenz des Dickdarminhalts wird durch die Anwesenheit von schleimartigen Substanzen in einem normalerweise wäßrigen Medium verursacht. In diesem Buch bezeichne ich einen Stuhl, der aus schleimartigen Substanzen geformt wird, als einen »mukoiden Stuhl« und einen Stuhl ohne solche Substanzen als einen »nichtmukoiden Stuhl«.
Da nichtmukoides Material den Darm schneller passiert als mukoides, kommt es im allgemeinen täglich zu zwei- bis dreimaligem Stuhlgang, wenn die Eingeweide und der Dickdarm sich in einem nichtmukoiden Zustand befinden. Dabei ist die täglich ausgeschiedene Gesamtmenge des Stuhls wesentlich größer als bei mukoiden Stühlen, denn der Kot enthält in diesem Fall viel mehr Flüssigkeit und ist dementsprechend weniger zusammengepreßt. Da die Exkremente nicht klebrig sind, geht ein

* »Schleimig, schleimartig, schleimbildend«; abgeleitet vom lateinischen *mucus* = »Schleim«.

nichtmukoider Stuhl sehr leicht ab. Nachdem man sich aufs Klo gesetzt hat, scheint die gesamte Masse eines nichtmukoiden Darminhalts gewöhnlich in wenigen Sekunden einfach aus dem Körper herauszufallen. Ein normaler nichtmukoider Stuhl ist weder dünnflüssig noch breiig. Der Stuhl ist voll geformt, wenn er ausgeschieden wird. Da ihm aber die Klebrigkeit fehlt, die ihn zusammenhält, beginnt er möglicherweise zu zerfallen, sobald er in ruhigem Wasser liegt. Ein nichtmukoider Stuhl wird stets in kleine Stückchen zerbrechen, sobald er etwas in Bewegung gerät, wie zum Beispiel bei Betätigung der Wasserspülung.

Da die Passage mukoider Substanzen durch den Körper länger dauert, hat man bei mukoiden Stühlen gewöhnlich nicht mehr als einmal täglich Stuhlgang. Ein mukoider Stuhl sieht normalerweise so aus, als sei er aus zusammengepreßten Klumpen geformt. Je verschleimter der Kot ist, desto klebriger wird er sein; und es braucht deshalb mehr Zeit und Mühe, um ihn auszuscheiden. Ein mukoider Stuhl zerfällt vielleicht nur dann in Brocken, wenn die Spülung betätigt wird.

Ein leichtmukoider Stuhl enthält nur einen geringen Anteil an schleimartigen Substanzen. In diesem Fall hat man gewöhnlich ein- bis zweimal täglich Stuhlgang. Leichtmukoide Stühle sehen niemals so aus, als seien sie aus zusammengepreßten Stücken oder Klumpen geformt. Bei leichtmukoidem Kot braucht es nur wenig oder keinen Druck, um ihn auszuscheiden. Wird die Spülung betätigt, so wird er teilweise, aber nicht vollständig zerbröckeln.

Um den Gehalt an mukoidem Material im Stuhl zu beurteilen, gilt, daß die Stühle deutlich geformt sein sollten, wenn sie ausgeschieden werden. Breiige Stühle werden stets zerfallen, wenn die Spülung gezogen wird, selbst wenn schleimartige Stoffe vorhanden sind, denn es ist ihnen nicht so viel Wasser entzogen worden, daß die schleimartigen Substanzen klebrig werden könnten.

Vor diesem Hintergrund versteht man die Aussage, daß heutzutage fast jeder unter Verstopfung (Darmträgheit) leidet.

Die meisten Menschen können sich nicht daran erinnern, jemals einen nichtmukoiden Stuhlgang gehabt zu haben, und sie fänden es wohl seltsam, wenn einer bei ihnen aufträte. Die Verdauungsfunktionen gelten im allgemeinen als zufriedenstellend, wenn man täglich einmal Stuhlgang hat und dieser innerhalb von zehn Minuten ausgeschieden wird. Doch wenn die Entleerung bei Ihnen zehn Minuten dauert, heißt dies in Wirklichkeit, daß Sie an Verstopfung leiden! Der Kot ist in diesem Fall wahrscheinlich von klebriger, schleimartiger Konsistenz und hat bei seiner Passage durch den Dickdarm dort eine oder mehrere Schichten von Rückständen zurückgelassen. Eine Darmentleerung (Defäkation), die mehrere Minuten dauert, kann auch damit zusammenhängen, daß sich viel alter Kot im Kolon angesammelt hat. Diese Exkremente können die volle Funktion des Dickdarms behindern und die Passage frischen Kots erschweren.

Abführmittel sind keine Lösung

Abführmittel (Laxativa) regen vor allem die Darmmotorik an. Die Wirkung der meisten dieser Mittel beruht darauf, daß sie den Dickdarm reizen und dadurch den Stuhlgang anregen, bis das Abführmittel zusammen mit allen Substanzen, die sich frei im Darm bewegen können, ausgeschieden ist. Dabei zeigt sich jedoch kein besonderer Impuls, irgend etwas auszuscheiden, das älter als das Abführmittel selbst ist. Ein Abführmittel verhilft nicht dazu, das im Kolon stagnierende Material so weit zu lockern, daß es ausgeschieden werden kann. Deshalb tragen Abführmittel nicht wirklich zur Dickdarmreinigung bei. Sobald das Abführmittel den Dickdarm passiert hat, wird der Stuhlgang genauso träge sein wie eh und je. Nichts ist geschehen, um die Ablagerungen alten Kotes im Kolon zu entfernen. Dabei ist es gerade diese Ansammlung von stagnierendem Material an den Dickdarmwänden, die der wirkungsvollen Dickdarmfunktion im Wege steht; und dieser Umstand führt wiederum dazu, daß wir Abführmittel nehmen wollen. Die einzige dauerhafte Wirkung von Laxativa ist bisher nur die, daß sie den Dickdarm durch Reizung und Überstimulierung schwächen und den Organismus von ihrem Gebrauch abhängig machen.
Um der stagnierenden chronischen Verstopfung im Kolon abzuhelfen, unter der fast jeder ständig zu leiden hat, braucht es etwas ganz anderes als Abführmittel: etwas, das den vorhandenen alten Kot aufweicht und lockert, so daß er schließlich ausgeschieden werden kann. Ein solches Verfahren gilt als Darmreinigung; es bildet den Schlüssel

nicht nur zur Kolon-Sanierung, sondern auch zu weitreichenden gesundheitlichen Wirkungen auf den gesamten Organismus.

Chronischer Durchfall

Es gibt Leute mit chronischem Durchfall, die sich nicht für verstopft halten, weil sie mehrmals täglich Stuhlgang haben. Natürlich ist der tägliche Stuhlgang bei ihnen nicht konstipiert, aber lassen Sie uns einmal die Ursache ihres chronischen Durchfalls betrachten: Chronischer Durchfall läßt sich am häufigsten auf eine Reizung des Kolons zurückführen. Solange diese störenden Einflüsse andauern, versucht der Dickdarm, sie loszuwerden, indem er sich zu wiederholten Malen von allem entleert, was sich hinausschaffen läßt. Bei chronischem Durchfall ist die Anhäufung von schleimartigen Substanzen, die manchmal noch voller schädlicher Bakterien oder gar Schmarotzer sind, im allgemeinen von solcher Menge und Art, daß sie den Dickdarm aktiv reizt. In diesem Fall haftet die Ursache der Reizung an den Dickdarmwänden und kann nicht ausgeschieden werden. Das führt zu chronischem Durchfall. Diese Art von Durchfall spricht oft in bemerkenswerter Weise auf ein effektives Kolon-Sanierungsprogramm an.

Darmparasiten

In diesen Zusammenhang gehört auch das Problem der Darmparasiten, denn chronischer Durchfall wird oft durch die Anwesenheit von Würmern im Organismus verursacht. Da Schmarotzer im Körperinnern in kotigem Milieu gedeihen, siedeln sich zahlreiche Wurmarten in den alten Kotschichten an den Wänden des Verdauungskanals an. Wenn solches stagnierendes Material, in das sie sich einnisten können, nicht vorhanden ist, sind die meisten inneren Parasiten nicht in der Lage, im Körper Fuß zu fassen. Wenn es zur Entfernung des alten, verwesten, zerfallenden schleimartigen Materials kommt, werden die Schmarotzer ebenfalls hinausgespült.

Kontrolle der Mukoidbildung

Auf den folgenden Seiten wollen wir Ihnen zeigen, wie sich die schleimbildenden Einflüsse, denen Ihr Körper ausgesetzt ist, kontrollieren lassen und wie man Heilkräuter und andere antimukoide Verfahren einsetzen kann, um ihre Auswirkungen auf den Organismus abzuschwächen. Sobald Sie das gelernt haben, sind Sie in der Lage, für sich selbst direkt zu überprüfen, ob die Aussagen des Autors stimmen oder nicht. Sie werden zum Beispiel folgendes herausfinden: Je größer das Übergewicht antimukoider Einflüsse gegenüber schleimbildenden Einflüssen an einem Tag ist, desto weniger schleimhaltig wird Ihr Stuhlgang zu bestimmten Zeiten an den nächsten drei Tagen sein. Das heißt, es zeigt sich eine Tendenz zu häufigerem Stuhlgang, schnellerer Entleerung und geringerer Anspannung bei der Ausscheidung; der Stuhl sieht weniger zusammengepreßt aus und zerbröckelt auch eher, wenn die Spülung betätigt wird. Im Gegensatz dazu gilt: Je größer das Übergewicht an schleimbildenden Substanzen gegenüber antimukoiden Einflüssen an einem bestimmten Tag ist, desto schleimhaltiger werden Ihre Stühle an den nächsten drei Tagen sein. In diesem Fall zeigt sich eine Tendenz zu weniger häufigem Stuhlgang, langsamerer Entleerung und größerer Anspannung bei der Ausscheidung; der Stuhl sieht stärker zusammengepreßt aus und zerbröckelt nicht so leicht, wenn man die Spülung zieht.

Wie wir sehen werden, gibt es zahlreiche mukoidbildende Einflüsse, denen Sie und praktisch jedes andere Mitglied der modernen Gesellschaft während des ganzen Lebens ausgesetzt sind. Deshalb ist Ihr Dickdarm vollgestopft mit altem, verhärtetem Kot, der sich während Ihres ganzen Lebens dort angehäuft hat. In Kapitel 2 werde ich erklären, wie diese Anhäufung von stagnierendem Kot in Ihrem Körper der Gesundheit in mehrfacher und entscheidender Weise entgegenwirkt. Sie werden niemals strahlende Gesundheit erlangen, solange all der alte, verhärtete Kot in Ihrem Körper nicht aufgelöst und ausgeschieden wurde. Um wirklich ganz gesund zu werden, müssen Sie dafür sorgen, daß die stagnierenden mukoiden Substanzen vollständig aus Ihrem Darm entfernt werden.

2 Der Nutzen der Reinigung von Verdauungs- und Lymphsystem

Mukoide Substanzen gibt es im gesamten Verdauungs- oder Magen-Darm-Trakt, der sich von der Speiseröhre (Ösophagus) bis zum After (Anus) erstreckt. Obwohl sich alte mukoide Substanzen in erster Linie im Dickdarm ansammeln, können diese sich auch an den Wänden von Magen und Dünndarm ablagern. Bei der Reinigung des Verdauungstrakts mit meinem Programm wird nicht nur der Dickdarm, sondern das gesamte Verdauungssystem saniert.
Wir haben gesehen, wie ein toxischer (vergifteter) Dickdarm sowohl zu chronischer Verstopfung als auch zu chronischem Durchfall führen kann und wie hilfreich eine Dickdarmreinigung in diesem Fall sein kann. Lassen Sie uns nun einige der vielen nützlichen Wirkungen erforschen, welche die Reinigung des Verdauungskanals auf den Organismus haben kann.

Anatomische Varianten des Dickdarms

Die Ansammlung von altem Kot im Dickdarm kann dazu führen, daß der Darm und manchmal auch die damit zusammenhängenden Gewebe gedehnt und in verschiedenartiger Weise deformiert werden. Der Dickdarm besteht aus einer Aneinanderreihung von wulstförmigen,

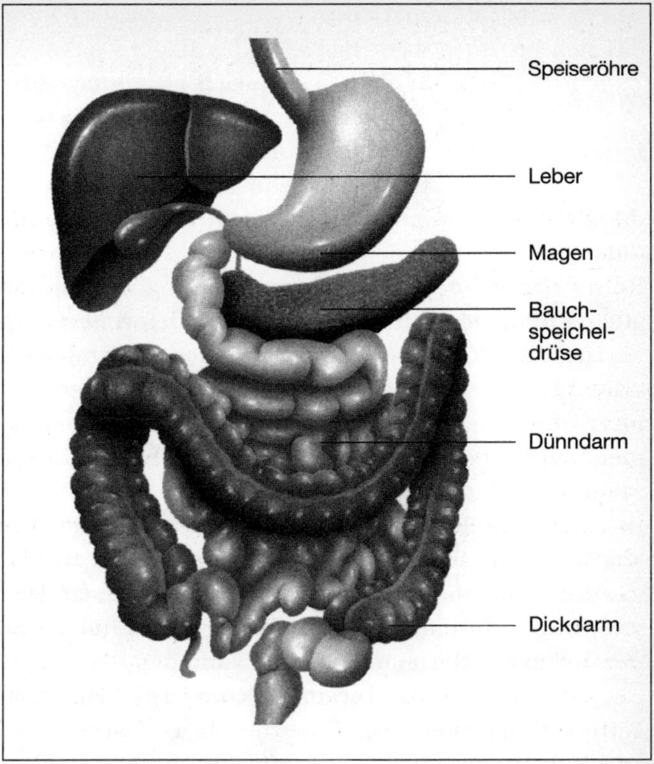

Abb. 1: Der Verdauungstrakt

sackartigen Abschnitten. Bei der Geburt haben diese Säckchen einen relativ einheitlichen Querschnitt und sind gleichmäßig angeordnet: zunächst als aufsteigender Dickdarm, der auf der rechten Seite des Unterleibs bis zu einem Punkt in Lebernähe führt, dann als Querkolon, das sich bis zur linken Rückseite des Magens nahe der Bauchspeicheldrüse erstreckt, danach als absteigender Dickdarm, der auf der linken Seite der Bauchhöhle nach unten führt, weiter als Sigmaschleife, in der sich der Dickdarm zur Körpermitte dreht, und zuletzt als Mastdarm (Rektum), der den Dickdarm mit dem After verbindet.

Röntgenaufnahmen zeigen ganz eindeutig, daß ein mit altem Kot vollgestopfter Dickdarm stark deformiert wird, und das betrifft sowohl seine ursprüngliche Form als auch seine Position. Weil heutzutage praktisch bei jedem von uns Anhäufungen von altem Kot im Dickdarm vorkommen, sind mechanische Abnormitäten ebenfalls allgemein verbreitet.

In einem gedehnten Kolon kann sich so viel alter Kot angesammelt haben, daß eine Darmtasche einen drei- bis viermal größeren Durchmesser als im Normalzustand hat und in der Mitte nur noch ein enger Kanal frei bleibt, durch den der Darminhalt fließen kann.

Ein stark überdehnter Dickdarm kann so viel Druck im Unterleib erzeugen, daß Teile des Magen-Darm-Kanals an bestimmten Stellen durch die Bauchwand quellen. Dieses Vortreten der Eingeweide wird als »Bruch« (Hernie) bezeichnet. Bei einem Zwerchfellbruch (Hiatushernie) dringen Teile des Magens oder anderer Bauchorgane durch die Öffnung im Zwerchfell, durch welche die Speiseröhre führt. Bei einem Leistenbruch kann man die hervorquellenden Eingeweide als Klumpen in der Leistengegend erkennen. Diese beiden Arten von Bruch können beträchtliche Schmerzen und Beschwerden ver-

ursachen. Hier kann eine Kolonreinigung wesentlich dazu beitragen, den Druck im Unterleib zu verringern, und dem Organismus so die Selbstheilung ermöglichen.
Bei einem kollabierten Dickdarm sind ein oder zwei Darmabschnitte mangels Muskeltonus in sich zusammengesackt. Bei einem spastischen Dickdarm befinden sich ein oder mehrere Abschnitte im Zustand ständiger Kontraktion. In diesen beiden Fällen kann der Durchmesser des Kolons auf ein Drittel des normalen Maßes oder weniger reduziert sein. Bei einem durchhängenden Dickdarm hängt das Querkolon schlaff herab. In vielen Fällen geht der Prolaps (Vorfall) so weit, daß ein Druck auf Blase, Uterus oder Prostata entsteht und dies wiederum zu Beschwerden in einem oder mehreren von diesen Organen führt.
Ein überlanger Dickdarm (Colon elongatum) ist so sehr gedehnt worden, daß Abschnitte sich zurückfalten und Schlingen bilden können. Dies führt zu starken Behinderungen für die Passage des Darminhalts und beschleunigt die Anhäufung von altem Kot.
Bei Divertikulitis entstehen in der Darmwand kleine, erbsengroße Ausstülpungen oder Divertikel, die sich dann entzünden. Bei Divertikulose finden sich zahlreiche Divertikel im Kolon.
Hämorrhoiden sind Schwellungen, die durch Krampfadern am After entstehen. Gewöhnlich verschlimmern sie sich schnell, wenn man beim Stuhlgang auch nur etwas stärker preßt. Um Hämorrhoiden auf Dauer zu heilen, ist es zuerst notwendig, bei der Verdauung an einen Punkt zu gelangen, wo man ständig nichtmukoide Stühle ausscheidet, die den Körper leicht und ohne Pressen

verlassen. Zweitens muß man sich an eine bestimmte Art von Ernährung halten, damit die stagnierende Toxizität (Vergiftungsgrad) in den Krampfadern reduziert wird.
Alle mechanischen Abnormitäten des Dickdarms und damit zusammenhängender Körperstrukturen – wie gedehnter Dickdarm, Bruch, zusammengebrochener Dickdarm, spastischer Dickdarm, Dickdarmvorfall, überdehnter Dickdarm, Divertikulitis, Divertikulose und Hämorrhoiden – beginnen mit einem toxischen Zustand im Kolon. Wenn wir natürliche Mittel einsetzen, um den Körper bei der Überwindung dieser Beschwerden zu unterstützen, bildet die Dickdarmreinigung den ersten und wichtigsten Schritt.
Selbst wenn der Dickdarm einmal gereinigt ist, bedarf es einer richtigen Ernährung und vieler Jahre, bis er wieder seine ursprüngliche Form, Position und Muskelspannung erlangt hat. In vielen Fällen kann eine Kolonreinigung allein schon ausreichen, um die durch mechanische Abnormitäten verursachten störenden Symptome zu beseitigen.

Resorption von Nährstoffen

Selbst bei ausreichender Nahrungszufuhr kann die Ablagerung von mukoiden Substanzen an den Dünndarmwänden die Resorption (Aufnahme) von Nährstoffen behindern. Die davon am meisten betroffenen Nährstoffe sind die Makromoleküle von Proteinen (Aminosäuren), Vitaminen und Enzymen. In diesem Fall kann es vorkommen, daß sich bei Personen, die ihre Nahrung mit konzentrierten Proteinen, Vitaminen und Enzymen ergänzen, zunächst eine Besserung im körperlichen Wohlbefinden einstellt. Diese Besserung ist jedoch im allgemeinen nur von relativ kurzer Dauer, weil alle im Handel befindlichen Proteinpräparate, außer Spirulina (Plankton) und Hefeprodukten, hochgradig schleimbildend sind. Die Zunahme mukoider Substanzen führt sehr bald dazu, daß sich die Ablagerungen im Verdauungstrakt verdicken. Dadurch verschlechtert sich wiederum die Resorption von Nährstoffen, so daß die Betroffenen ihre ergänzende Zufuhr vergrößern müssen, schon allein um ihre gesundheitliche Verfassung auf demselben Stand zu halten. Wenn man so die Proteinzufuhr kontinuierlich erhöht, wird die Verdauung immer stärker belastet, und das kann schließlich zu einer Schwächung der Verdauungsfunktionen führen.

Dieser Teufelskreis kann durchbrochen werden, indem man die richtigen Maßnahmen ergreift: Entfernen Sie die Ablagerungen im Verdauungskanal, und der Körper kann wieder wie vorgesehen funktionieren, indem er ausschließlich Nährstoffe aus vollwertiger Nahrung verwertet.

Die Verbesserung der Resorption ist weitaus wirksamer als die Einnahme aller bekannten Nährstoffe in Tablettenform. Heute kennen wir etwa sechzig (essentielle) Nährstoffe, die für die Ernährung des Menschen notwendig sind. Man hat nachgewiesen, daß eine Form der Ernährung, die ausschließlich aus üppigen Portionen von allen derzeit bekannten Nährstoffen besteht, die Gesundheit nicht erhalten kann. Der Grund dafür ist, daß vollwertige Nahrung zahlreiche wertvolle Nährstoffe enthält, die im Labor noch nicht entdeckt und isoliert werden konnten. Durch Zufuhr von Zusatzpräparaten vermag der Organismus nur einen Bruchteil dessen zu verwerten, was er zur Bewahrung der Gesundheit benötigt. Durch Reinigung des Magen-Darm-Traktes und die dadurch bewirkte Verbesserung der Resorption wird es jedoch möglich, den vollen Nutzen des gesamten Nährstoffspektrums, den uns die Natur in Form von vollwertiger Nahrung schenkt, zu genießen. Für eine Person, die das hier dargestellte Darmsanierungsprogramm durchgeführt hat, ist es ganz normal, daß sie danach mit leichterer, besser verdaulicher Nahrung und kleineren Portionen auskommt und sich dabei doch zufriedener fühlt als zuvor.

Rückvergiftung (Autointoxikation)

Als Rückvergiftung oder (intestinale) Autointoxikation bezeichnet man diejenigen Vorgänge, durch die der Körper sich tatsächlich selbst vergiftet, wenn der Dickdarm sich in ein Depot von verwesendem Material verwandelt hat. Diese »innere Jauchegrube« kann eine ebenso hohe Konzentration schädlicher Bakterien wie die Grube unter dem Abort aufweisen. Die darin durch die Zerfallsvorgänge freigesetzten Giftstoffe gelangen über den Blutkreislauf in alle Körperteile. Da jede Körperzelle dadurch betroffen wird, kommt es zur Entstehung von vielerlei Krankheiten. Weil diese Rückvergiftungsvorgänge den ganzen Organismus schwächen, können sie zur Ursache für fast jede Krankheit werden.

Fäulnisbildung (Putrefaktion)

Die Ursache der Selbstvergiftung sind Fäulnisvorgänge in den Eingeweiden. Mit Fäulnisbildung bezeichnet man Zersetzungsvorgänge, bei denen übelriechende Gase und Giftstoffe erzeugt werden. Im Idealzustand sollte es im Körper kaum oder gar nicht zu solchen Fäulnis- und Verwesungsprozessen kommen. Das heißt, der tägliche Stuhlgang sollte kaum oder überhaupt nicht von üblen Gerüchen begleitet und der Verdauungstrakt frei von stagnierenden verwesenden Substanzen sein.
Die Menge an Fäulnisprodukten hängt ab von der Verweildauer der im Körper verfaulenden Nahrung, von der Wirksamkeit der Verdauungsvorgänge und von der Art der Nahrung, die der Fäulnisbildung ausgesetzt ist. Die Verweildauer der Nahrung im Körper ist von zwei Faktoren abhängig: der Stagnation und der Passagezeit.

Stagnation

Mit Stagnation bezeichnet man die Unfähigkeit des im Verdauungskanal befindlichen Materials, seine Bewegung bis zur Ausscheidung durch den After fortzusetzen. Wenn solches Material im Magen-Darm-Trakt stagniert, kann es wochenlang weiter verwesen und Giftstoffe freisetzen. Zur Stagnation kommt es vor allem im Dickdarm, und dort trägt sie am meisten zu den intestinalen Fäulnisprozessen und der daraus resultierenden Rückvergiftung bei. Das Hauptziel der Darmreinigung besteht darin, alles stagnierende Material aus dem Kolon und dem gesamten

Verdauungssystem zu entfernen, um so die Fäulnis- und Selbstvergiftungsvorgänge deutlich zu reduzieren.
Bei den im Verdauungstrakt stagnierenden Substanzen lassen sich zwei Arten unterscheiden: fäulnisbildende (verwesende, putrefaktive) und verfaulte (verweste, postputrefaktive). Putrefaktive Substanzen sind noch feucht; sie befinden sich im Zerfallszustand und setzen Giftstoffe frei. Werden sie nicht aus dem Darm entfernt, so werden diese Substanzen schließlich so trocken und hart, daß sie nicht weiter verfaulen. Solche postputrefaktiven Substanzen lassen sich nur noch schwer auflösen und ausscheiden.

Würmer

Wie bereits erwähnt, leben und gedeihen Würmer in den stagnierenden verwesenden Substanzen im Darm. Wenn Sie sich von diesen schädlichen Stoffen befreien, dann werden Sie auch diese Parasiten los.

Passagezeit

Die (Darm-)Passagezeit ist die Zeit, welche die Nahrung von ihrer Aufnahme im Mund bis zur Ausscheidung der Rückstände durch den After braucht. Je kürzer die Passagezeit ist, desto weniger Nahrung kann verwesen, bevor sie ausgeschieden wird, und desto geringer ist die daraus resultierende Rückvergiftung. Die durchschnittliche Passagezeit beträgt beim modernen Zivilisationsmenschen

65 bis 100 Stunden. Die Nahrung braucht etwa acht Stunden, um den Magen und den Dünndarm zu durchlaufen; für den Rest der Zeit liegt sie im Dickdarm.
Unter der Voraussetzung, daß man sich richtig ernährt und für eine gesunde Konzentration von Laktobakterien im Dickdarm sorgt, kann sich die Passagezeit am Ende des Darmreinigungsprogramms auf bloße 24 bis 48 Stunden reduzieren. Diese Verkürzung der Passagezeit verringert die Fäulnisbildung und die dadurch bedingte Rückvergiftung, und sie regt den Organismus zu verbesserter Verdauung und Resorption an. Dadurch wird der Körper in die Lage versetzt, seine Nahrung in kürzerer Zeit zu verarbeiten.

Nahrung und Fäulnisbildung

Wenn man frisches Obst außerhalb des Kühlschranks liegenläßt, dauert es gewöhnlich ein paar Tage, bis es zu faulen beginnt. Bei gleicher Temperatur wird frisches Gemüse gewöhnlich in kürzerer Zeit verderben als frisches Obst. Ungekühlte Milch verdirbt normalerweise schneller als ungekühltes Gemüse. Ungekühltes rohes Fleisch beginnt in weniger als einem Tag zu verderben. Ferner führt das Abkochen von Lebensmitteln im allgemeinen dazu, daß sie schneller verderben als im frischen Zustand. Weil die Temperatur im Magen-Darm-Trakt bei etwa 38 °C liegt, läuft die Fäulnisbildung dort wesentlich rascher ab als bei normaler Zimmertemperatur.
In Kapitel 1 haben wir gesehen, wie ein verschleimter Zustand des Kolons die Passagezeit verlangsamt. Dasselbe

gilt auch bei einem mukoiden Zustand des restlichen Verdauungskanals, durch den im Dünndarm die Verdauungs- und Resorptionsvorgänge verlangsamt und die Passagezeit verlängert werden. Leichtverderbliche Nahrungsmittel wie Fleisch, Fisch, Eier und Produkte aus pasteurisierter Milch sind in hohem Maße schleimbildend. Es wäre wünschenswert, daß diese Nahrungsmittel wegen ihrer leichten Verderblichkeit den Körper schnell passierten, doch statt dessen durchlaufen sie ihn wegen ihrer mukoidbildenden Aktivität relativ langsam. Andererseits verfaulen Obst und Gemüse relativ langsam und passieren den Körper rasch, weil sie leichtverdaulich sind und nicht zur Mukoidbildung führen. Daher ist die fäulniserregende Wirkung von Fleisch, Fisch, Eiern und Milchprodukten auf den Organismus um ein Mehrfaches höher als bei Obst und Gemüse.

Es ist durchaus möglich, daß Nahrung den ganzen Verdauungstrakt passiert, ohne daß in irgendeiner Weise Fäulnisvorgänge einsetzen. Vor einiger Zeit habe ich in einem Buch von einem indischen Yogi gelesen, der wohlriechenden Stuhl aus seinem Körper ausschied. Damals habe ich gedacht, daß dieses Phänomen auf seinen besonderen spirituellen Kräften beruhen oder zumindest ein Zeichen hoher geistiger Entwicklung sein könnte. Später wiederholte ich diese Leistung in meinem eigenen Körper, indem ich mich ausschließlich von frischen Früchten ernährte. Nach ein paar Tagen mit dieser Form der Ernährung verlor mein Stuhlgang seinen Gestank und begann so zu duften wie die Frucht, die ich gerade vor ein paar Stunden verzehrt hatte. Während dieser Zeit verbreitete auch mein Schweiß einen fruchtigen, irgendwie wohlriechenden Duft. Die Abwesenheit von Kotgeruch in meinem Stuhl ist darauf zurückzuführen, daß es für frisches Obst bei 38 °C länger dauert, zu verwesen, als den Körper zu durchlaufen. In diesem Zusammenhang ist es wichtig, daß mein Körper vor diesem Experiment mit reiner Früchtekost von stagnierenden Abfallstoffen befreit worden war.

Die Notwendigkeit der Dickdarmreinigung

Viele Vegetarier meinen, ihr Kolon müsse relativ frei von verfaulenden Abfallprodukten sein, weil sie schon seit vielen Jahren kein Fleisch mehr gegessen haben. Diese Leute sollten sich aber darüber im klaren sein, daß jede Art von Nahrung, einschließlich von Früchten, zu verwesen beginnt, wenn sie sich lange genug im Körper aufhält. Was dazu führt, daß Nahrungsrückstände im Verdauungssystem festgehalten werden, ist das Vorhandensein von mukoiden Substanzen. Wenn diesen Substanzen im Kolon das Wasser entzogen wird, werden sie zu einer klebrigen, leimähnlichen Masse, die dazu tendiert, alle Nahrungsrückstände im Körper festzuhalten. Sie mögen so viel Obst und Gemüse essen, wie Sie wollen, doch wenn Sie dabei auch nur relativ geringe Mengen von Milchprodukten, Tofu (Sojabohnenquark), Weißmehlerzeugnissen und anderen schleimbildenden Nahrungsmitteln verzehren, wird die Ansammlung von verfaulenden Abfällen im Kolon weitergehen.

Die wenigen Menschen, die wirklich eine schleimfreie Kost verzehren, müssen ebenfalls die Anhäufungen von

Abfallstoffen entfernen, die sich vor der Ernährungsumstellung angesammelt haben. Eine Kost ohne schleimbildende Wirkungen wird dazu beitragen, daß die stagnierenden verfaulenden Substanzen allmählich aus dem Dickdarm ausgeschieden werden. Das härteste und hartnäckigste Material im Kolon sind jedoch die postputrefaktiven (verfaulten) Exkremente, bei denen die Fäulnisprozesse schon längst aufgehört haben können. Mit einer geeigneten Ernährung allein lassen sich diese Ablagerungen nicht entfernen. Selbst nach vielen Jahren mit schleimfreier Kost werden noch große Mengen von altem, verhärtetem, verfaultem Kot im Dickdarm zurückbleiben.

Ich trete nicht dafür ein, daß jeder eine völlig schleimfreie Kost essen sollte. Das wäre natürlich empfehlenswert, aber die meisten Menschen würden sich nicht daran halten. Doch ist es ratsam, in regelmäßigen Abständen seinen Dickdarm zu reinigen, um die Ansammlung von toxischen Stoffen auf niedrigem Niveau zu halten.

Körpergeruch und Dickdarm

Es besteht ein enger Zusammenhang zwischen Körpergeruch und Fäulnisbildung in den Eingeweiden. Mit Ausnahme der Achselhöhlen sollten die Ausdünstungen des gesamten Körpers für jemanden, der regelmäßig badet, keine Geruchsprobleme verursachen. Wer seinen Körpergeruch nicht kontrollieren kann, ganz gleich, wie oft er badet, leidet unweigerlich unter hochgradig fäulnisbildender Aktivität im Dickdarm. Wer bei normaler Zimmertemperatur nach einem einzigen Tag ohne anstrengende Tätigkeiten überall Körpergeruch entwickelt, hat es wahrscheinlich ebenfalls mit erheblicher Fäulnisbildung im Kolon zu tun. Das bedeutet aber nicht, daß Menschen, die nicht zum Schwitzen neigen, unbedingt einen niedrigen Grad von Putrefaktion im Dickdarm aufweisen. Bei diesen Menschen mag es sich um die Fälle handeln, bei denen der Geruch nicht nach außen dringt, weil die Schweißabsonderung blockiert ist.

Ein guter Indikator für die intestinale Fäulnisbildung ist der Fußgeruch. Im typischen Fall werden Socken ziemlich unangenehm riechen, wenn die betreffende Person sie nur einen Tag lang in geschlossenen Schuhen getragen hat. Würde dieselbe Person ihren Dickdarm reinigen und eine Kost, die kaum zur Fäulnisbildung führt, zu sich nehmen, könnte sie feststellen, daß sich in denselben Socken weniger Geruch ansammelte, auch wenn sie drei Tage hintereinander getragen würden statt nur einen einzigen.

Der Körpergeruch, der zuletzt verschwindet, ist der Geruch in den Achselhöhlen. Selbst nachdem der Dickdarm gereinigt ist, brauchen die meisten immer noch ein Desodorans (Deostift oder -spray). Um jemals den Geruch in den Achselhöhlen loszuwerden, ohne geruchs- oder schweißhemmende Mittel zu benutzen, muß man nicht nur den Dickdarm reinigen, sondern auch über lange Zeit eine reinigende und völlig fäulnisfreie Kost zu sich nehmen.

Darmbakterien

Im Verdauungstrakt gibt es im allgemeinen zwei verschiedene Arten von Bakterien. Da sind zuerst einmal die fäulnisbildenden (putrefaktiven) Bakterien, deren gewöhnlichste Spezies die Escherichia coli ist. Da die Form zahlreicher Fäulnisbakterien im Dickdarm unter dem Mikroskop derjenigen der Escherichia coli gleicht, nennt man sie »Kolibakterien«. In diesem Zusammenhang ist die Tatsache interessant, daß Escherichia coli und andere Arten von Kolibakterien eine Substanz namens Äthionin produzieren, die im Tierversuch karzinogene Wirkungen gezeigt hat. Fäulnisbakterien erzeugen außerdem eine Reihe von anderen toxischen Substanzen, zu denen Indol und Skatol gehören. Diese übelriechenden Stoffe geben dem Kot seinen typischen Geruch, und ihr Derivat Indikan findet sich in Schweiß und Urin.

Ein Gegengewicht zu den Fäulnisbakterien im Darm bilden die sogenannten »freundlichen Bakterien«, die in erster Linie Milchsäure, aber auch Essigsäure, Verdauungsenzyme und Vitamine produzieren. Diejenigen unter den freundlichen oder gesundheitsfördernden Bakterien, die Milchsäure produzieren, sind als Laktobakterien bekannt. Dabei handelt es sich um verschiedene Arten, die zu größeren Familien, wie Laktobazillus, Bifidobakterium und Streptokokkus, gehören. Die beiden bekanntesten und wichtigsten Arten von Laktobakterien sind Lactobacillus acidophilus und Bifidobacterium bifidus. Die erste Hälfte des Wortes Laktobakterien ist abgeleitet vom lateinischen *lac* (= »Milch«). Denn sie produzieren Milchsäure, die zuerst als der Stoff bekannt wurde, der beim

Sauerwerden nichtpasteurisierter Milch entsteht. Laktobakterien sind reichlich vorhanden auf jedem Grashalm sowie auf den meisten Arten von Gemüse und Getreide. Die Anwesenheit von Laktobakterien in Kuhmilch kommt daher, daß die Rinder Gras fressen.

Die von den »freundlichen Darmbakterien« produzierten Verdauungsenzyme unterstützen die Verdauungsfunktionen des Körpers und begrenzen die Aktivität der Fäulnisbakterien. Wenn letztere hochgradig aktiv sind, setzen sie zusätzlich zu den nichtgasförmigen Giftstoffen, die sie ständig erzeugen, übelriechende Gase frei. Diese Gase entweichen normalerweise durch den After; dann werden sie als Blähungen bezeichnet. Wenn der Verdauungskanal so träge oder blockiert ist, daß die Gase nicht schnell genug entweichen, wird ein Teil davon ins Blut absorbiert und verursacht dadurch Kopfschmerzen und Unwohlsein. Sowohl die von den freundlichen Bakterien erzeugten Verdauungsenzyme als auch die Verdauungssäfte des Körpers tragen dazu bei, die Gasbildung durch Fäulnisbakterien zu verhindern. Doch können diese Substanzen die Fäulnisbakterien nicht abtöten oder sie davon abhalten, nichtgasförmige Giftstoffe zu produzieren.

Nach den Erkenntnissen von Dr. J. H. Kellogg, dem bedeutendsten amerikanischen Pionier der Dickdarmgesundheit, sollte die Darmflora in einem gesunden Kolon im Idealfall aus 85 Prozent Laktobakterien und nicht mehr als 15 Prozent Kolibakterien bestehen. In der modernen Industriegesellschaft finden wir im allgemeinen aber genau die umgekehrte Zusammensetzung der Darmflora, also das genaue Gegenteil vom Idealzustand.

Kein Wunder, daß die Selbstvergiftung soviel Elend verursacht und Probleme mit Blähungen so häufig sind!
Ein weitverbreitetes Verfahren bei Problemen mit Blähungen besteht darin, ständig große Mengen von mit Laktobakterien fermentierten Nahrungsmitteln zu verzehren wie Joghurt, Kefir, Sauermilch und andere (milchsaure) Acidophilusprodukte. »Acidophilus« bezieht sich hier auf Lactobacillus acidophilus, die bekannteste unter den verschiedenen Arten von Laktobakterien. Blähungen entstehen dann, wenn eines der Verdauungsorgane – Magen, Dünndarm, Bauchspeicheldrüse, Leber und Gallenblase – zuwenig Verdauungssäfte absondert oder wenn einer von den Kanälen, welche die Verdauungssäfte aus Leber, Gallenblase oder Bauchspeicheldrüse in den Dünndarm leiten, teilweise oder ganz blockiert ist. Selbst wenn der Magen-Darm-Trakt stark mit Fäulnisbakterien belastet ist, ist ein gutfunktionierendes Verdauungssystem immer noch in der Lage, übelriechende Blähungen zu verhindern.
Es erscheint gerechtfertigt, das Entstehen von Blähungen einem Mangel an Laktobakterien zuzuschreiben, weil die den Verzehr einer großen Menge von Laktobakterien die Symptome lindern wird. Doch müssen wir feststellen, daß diesem weitverbreiteten Mangel auf Dauer nicht durch den Verzehr großer Mengen von laktobakterienhaltiger Nahrung abgeholfen werden kann, da die Symptome der Blähsucht sich in wenigen Stunden wieder melden, nachdem die Zufuhr von Laktobakterien aufgehört hat. Befreit man jedoch seinen Magen-Darm-Trakt von allem stagnierenden fäulniserregenden Abfall, wird der Körper mit Hilfe einer richtigen Ernährung in die Lage versetzt,

das ideale Verhältnis von 85 Prozent Laktobakterien und 15 Prozent Fäulnisbakterien im Darm mit nur kleinen Abweichungen zu bewahren, ohne daß ständig laktobakterienhaltige Nahrung zugeführt werden muß. Außerdem ist die Reinigung des Verdauungssystems ein wichtiger erster Schritt, um die Funktion der Verdauungsorgane zu verbessern.

Eine weniger bekannte, aber ebenso wichtige Funktion der freundlichen Darmbakterien besteht in der Bereitstellung von wichtigen Nährstoffen zur Blutbildung. Viele Menschen mit »müdem Blut« hätten mehr davon, wenn sie für eine hohe Dauerkonzentration von günstigen Bakterien im Darm sorgten, anstatt tonisierende Eisenpräparate einzunehmen. Eine gesunde Darmflora wird erheblich mehr Vitamine der B-Reihe produzieren, als in einer vollwertigen organischen Nahrung vorhanden sein können. Dazu gehört auch Vitamin B_{12}, das zur Vorbeugung und Heilung von perniziöser Anämie (gefährliche Blutarmut) notwendig ist.

Einige Ernährungsfachleute behaupten, daß eine ausreichende Zufuhr von Vitamin B_{12} nur dann gewährleistet ist, wenn man Fleisch ißt. Bei dieser Behauptung wird nicht berücksichtigt, daß das Erhitzen von Fleisch bis zu 85 Prozent des darin enthaltenen Vitamin B_{12} zerstört. Da fast niemand rohes Fleisch ißt, kann Fleisch keine zuverlässige Quelle für dieses Vitamin sein. Die beste Quelle für Vitamin B_{12} ist eine gesunde Darmflora. Wie oben erwähnt wurde, läßt sich in einem toxischen Verdauungstrakt keine hohe Konzentration von lebendigen milchsauren und vitaminbildenden Bakterien aufrechterhalten, selbst wenn man laktobakterienhaltige Nahrung zu sich nimmt. Hat man jedoch den Magen-Darm-Kanal einmal gereinigt, ist es mit Hilfe einer richtigen Ernährung möglich, eine um ein Mehrfaches höhere Konzentration an Laktobakterien als zuvor aufrechtzuerhalten, ohne mit der Nahrung ständig Laktobakterien zuführen zu müssen.

Ich bin nicht für den uneingeschränkten Langzeitverbrauch von (milchsauren) Acidophilusprodukten wie Joghurt, Kefir und anderen Arten fermentierter Nahrungsmittel, außer wenn sie zu Hause täglich frisch zubereitet werden, denn ihr Milchsäuregehalt ist viel zu hoch. In vielen Büchern und Zeitschriften können Sie lesen, daß vor allem die von den Laktobakterien sekretierte Milchsäure die gasbildende Aktivität der Fäulnisbakterien unterdrückt, aber das stimmt nicht. Die blähungshemmende Funktion der Laktobakterien besteht wie gesagt in der Produktion von Verdauungsenzymen, aber nicht in der Erzeugung von Milchsäure. Um Milchsäure herzustellen, braucht der Mensch keine Laktobakterien, denn sie ist ein ganz normales Stoffwechselendprodukt, das von den Körperzellen ausgeschieden wird.

Die Wissenschaft weiß schon lange, daß Milchsäure sich vor allem in den Muskeln ansammelt und dort Steifheit und Schmerzen verursacht. Es ist auch bekannt, daß Rinder an Milchsäurevergiftung eingehen, wenn ihr Futter zuwenig Faserstoffe und zu viele konzentrierte Kohlenhydrate enthält. Die tödliche Milchsäure stammt von der großen Menge der Laktobakterien, die sich in den Rindermägen befinden. Beim Menschen findet sich die überwiegende Zahl der Laktobakterien jedoch im Dickdarm, von wo aus die Milchsäure meistens nicht ins Blut gelangt, sondern dazu dient, die Exkremente feucht zu halten und sie dadurch voluminöser und leichter ausscheidbar zu machen. Aber wenn Milchsäure durch den Mund aufgenommen wird, wird sie ins Blut absorbiert und kann dort Probleme verursachen, falls die Menge groß genug ist.

Bei frisch mit Laktobakterien fermentierten Substanzen ist der Milchsäuregehalt relativ gering und der Anteil an lebenden Laktobakterien hoch. Im Lauf der Zeit nimmt der Milchsäuregehalt schnell zu, während der Anteil an lebendigen Laktobakterien stark abnimmt, bis schon nach wenigen Tagen wenige oder keine lebenden Laktobakterien mehr vorhanden sind. Selbst im Kühlschrank werden die Fermentierungsvorgänge weitergehen, wenn auch langsamer als bei Zimmertemperatur. Wenn die Milchsäurekonzentration hoch genug ist, sterben die Laktobakterien an Selbstvergiftung, denn Milchsäure ist ein Ausscheidungsprodukt und als solches in hoher Konzentration giftig. Wenn man seine Nahrung mit Laktobakterien ergänzen möchte, sollte das fermentierte Präparat täglich zu Hause zubereitet, im Kühlschrank aufbewahrt und innerhalb von 24 Stunden verzehrt werden. Auf diese Weise bleibt der Gehalt an lebenden Laktobakterien möglichst hoch und der Milchsäureanteil möglichst gering.

In Kapitel 6 werden wir erklären, wie Laktobakterienpräparate (zum Beispiel Rejuvelac) zuzubereiten und zu benutzen sind.

Entgiftung der Lymphe

Wenn Abfallprodukte die Körperzellen verlassen, werden sie von den beiden zirkulierenden Körperflüssigkeiten, dem Blut und der Lymphe, abtransportiert.
Lymphe wird aus Blut gebildet, enthält aber keine roten Blutkörperchen. Jede Körperzelle wird von der zwischenzelligen Flüssigkeit umgeben, die sich zusammensetzt aus Substanzen aus dem Blut und aus Stoffen, die von den Zellen ausgeschieden werden. Etwa 90 Prozent der Substanzen, die aus dem Blut in die zwischenzellige Flüssigkeit gelangen, werden von den lokalen Blutgefäßen absorbiert. Die restlichen 10 Prozent an Wasser und kleinen Molekülen sowie das Protein, andere Makromoleküle und Teilchen in der zwischenzelligen Flüssigkeit sammeln sich in einem Netz von winzigen Lymphkapillaren. Diese vereinigen sich zu immer größeren Lymphgefäßen, die schließlich wieder zurück in den Blutkreislauf führen. In den Lymphgefäßen befinden sich Klappen, die wie Einwegventile funktionieren. Die Lymphgefäße sind mit Muskelgewebe ausgekleidet, das die Lymphflüssigkeit durch diese Ventile pumpt. Weil das Lymphsystem Giftstoffe aus allen Körperzellen abtransportiert, ist sein richtiges Funktionieren so wichtig für die Gesundheit des gesamten Organismus.
Es ist meine Überzeugung, daß der Dickdarm das Hauptorgan für die Ausscheidung mukoider Substanzen aus der Lymphe ist, auch wenn diese Idee in orthodoxen Medizinerkreisen neu sein sollte. Diese Idee verdanke ich dem kürzlich verstorbenen Loren Berry, der vielleicht einer der größten manuellen Heiler unserer Zeit war. Er

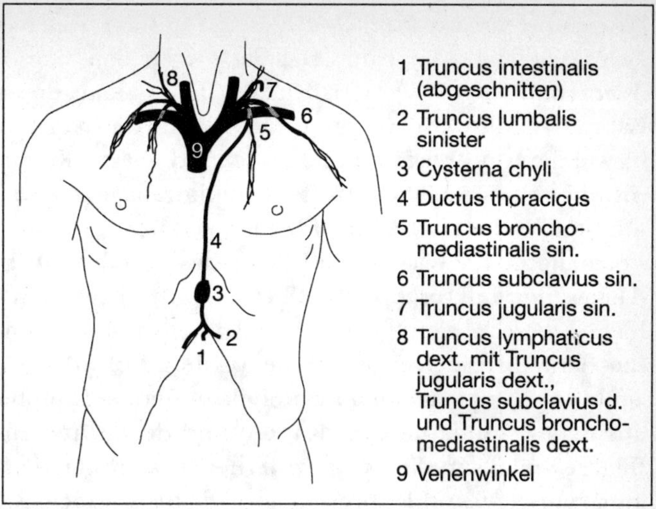

Abb. 2: Zentrale Lymphstämme

lehrte eine als Lymphdränage bezeichnete Massagetechnik, deren Ursprung aus der chinesischen Medizin stammen soll. Lymphdränage sollte stets in Fällen von akuten Krankheiten wie Erkältung, Fieber oder Grippe durchgeführt werden. Oft haben die betroffenen Personen nicht lange nach Anwendung einer Lymphdränage Stuhlgang, bei dem große Mengen von hellen mukoiden Substanzen ausgeschieden werden. Wenn ferner die Nebenhöhlen und der Brustbereich der Atmungsorgane blockiert sind, kommt es mit noch größerer Wahrscheinlichkeit zu dieser Reaktion, zusammen mit wesentlicher Linderung der Stauung (Kongestion); das ist so, als ob man einen Stöp-

sel ziehen und der angestaute Schleim aus den Atemwegen tatsächlich durch den Dickdarm abfließen würde. Später habe ich entdeckt, daß die Bürstenmassage, die in Kapitel 5 erklärt wird, genau so nützlich und wirkungsvoll ist wie die Lymphdränage. Außerdem erhielt ich Kenntnis von einer westlichen Art der Lymphdränage, die von Dr. Emil Vodder in Dänemark entwickelt wurde.
Die anatomische Wissenschaft hat entdeckt, daß die Dickdarmwände mikroskopisch feine Lymphkapillaren enthalten; diese vereinigen sich zu größeren Lymphgefäßen, die dann in die Lymphzisterne (Cisterna chyli), den zentralen Lymphstamm im Unterleib, münden. Lymphe aus dem Dünndarm, dem Rücken und dem Unterleib fließt ebenfalls in die Lymphzisterne. Diese ist der Ausgangspunkt des Milchbrustgangs (Ductus thoracicus), der durch das Zwerchfell vor der Wirbelsäule nach oben führt und in Höhe des linken Schlüsselbeins in die linke Arm-Hals-Vene mündet. Aus dem Milchbrustgang gelangt Lymphe aus dem ganzen Körper, außer der rechten Seite von Kopf, Hals, Brust und rechtem Oberarm, in den Blutkreislauf. Die meisten Physiologiebücher behaupten, daß die Lymphe nur in eine Richtung fließt: aus dem Dickdarm und anderen Geweben in die Lymphzisterne und von dort aus durch den Milchbrustgang zurück in den Blutkreislauf. Wie können wir uns aber dann erklären, daß so große Mengen von hellen mukoiden Substanzen nach einer Lymphdränage oder Bürstenmassage in den Dickdarm gelangen?
Bei meinen Forschungen zu dieser Frage entdeckte ich drei wissenschaftliche Fakten: Erstens hat Dr. Olszewski aus Polen mit Hilfe wissenschaftlicher Instrumente beob-

achtet, daß die Art der Stimulierung, die durch Bürstenmassage auf die Körperoberfläche ausgeübt wird, tatsächlich den Lymphfluß anregt. Zweitens kann es in den Lymphgefäßen wirklich zu einem Rückfluß kommen, bei dem sich die Lymphe in entgegengesetzter Richtung zu ihrem normalen Fluß bewegt. Drittens hat man eine besondere Form dieses Lymphrückflusses, den Refluxus chyli, beobachtet, bei dem die Lymphe aus der Lymphzisterne zurück in den Dickdarm und in andere Körpergewebe gelangt. Diese besondere Art des Rückflusses ist bis jetzt in der Medizin nur beobachtet worden, wenn der Körper einem krankheitsbedingten Streß ausgesetzt ist. Dies ist jedoch nicht verwunderlich, da die medizinische Wissenschaft sich überwiegend um Krankheitszustände kümmert.

Die Physiologie schreibt der Lymphzisterne keine besondere Funktion zu, aber ich möchte behaupten, daß sie dazu dienen könnte, die mukoiden Substanzen, die aus den Körperzellen von der Lymphe abtransportiert wurden, zu sammeln und sie ins Kolon zu leiten, so daß nur die wäßrigen Anteile der Lymphe wieder in den Blutstrom gelangen. Anderenfalls könnte das Blut so dickflüssig werden, daß es nicht mehr richtig fließt.

Die folgenden Ausführungen in diesem Abschnitt über die Entgiftung der Lymphe beruhen auf meinen umfangreichen persönlichen Beobachtungen und Erfahrungen, die ebenfalls eindeutig zu der Schlußfolgerung führten, daß der Dickdarm dazu dient, die Lymphe zu entgiften. Ich habe herausgefunden, daß ein sauberer Dickdarm die mukoiden Substanzen aus der Lymphe durch seine Wände in das Darminnere absorbiert. Wenn die Dick-

darmwände jedoch durch die abgelagerten Kotschichten immer stärker zugedeckt werden, nimmt die Fähigkeit des Kolons zur Entgiftung der Lymphe ab, und die Ansammlung von mukoiden Substanzen beginnt, sich ins Lymphsystem zurückzustauen. Das kann dann zu Blockierungen des Lymphflusses führen.
Bei akuter Krankheit ist die Lymphe im allgemeinen toxisch. Dies schafft die Voraussetzung für die Erkrankung, denn dadurch wird die Funktion der weißen Blutkörperchen, welche die Invasion pathogener Elemente abzuwehren haben, behindert. Weiße Blutkörperchen finden sich in der Lymphe und in der zwischenzelligen Flüssigkeit und können sich dort aus eigener Kraft bewegen. Ohne vom Kreislauf weggetragen zu werden, können sie sich in den Zwischenräumen der Zellen geradewegs von einem Körperteil zum anderen bewegen. Wenn die Lymphe toxisch ist, werden sowohl die Lymphflüssigkeit als auch die zwischenzellige Flüssigkeit dickflüssig und viskos. Durch die Anwendung lymphreinigender Heilpflanzen werden diese Flüssigkeiten verdünnt; dadurch können die Beweglichkeit und die Wirksamkeit der weißen Blutkörperchen bei der Bekämpfung von Krankheiten wesentlich verbessert werden. Viele der entsprechenden Heilverfahren für akute Krankheiten benutzen entweder Wachsmyrtenrinde oder Lobelie, die beide als Lymphreiniger wirken.
Bei akuten Krankheiten kommt es sehr oft vor, daß der Appetit verlorengeht und der Organismus auf den Fastenstoffwechsel umschaltet. Im Fastenstoffwechsel scheiden alle Körperzellen in erhöhtem Maße Giftstoffe aus. Viele davon gelangen in die Lymphe, wo sich mukoide

Substanzen bilden, um die Toxine im Suspensionszustand zu halten. Wenn das Lymphsystem sich allzusehr mit mukoiden Substanzen füllt, entsteht ein Druck, der sich im ganzen Körper bemerkbar macht. Dieser Druck führt zunächst zu Muskelspannungen, die bei zunehmendem Druck zu Muskelschmerzen werden. Eine Funktion des Fiebers besteht darin, den Lymphschleim zu verdünnen, damit die Lymphe wieder besser fließen und die Dickdarmwände passieren kann. Fieber wird durch jede Form der Lymphreinigung reduziert, denn dadurch verringert sich die Notwendigkeit, Fieber zur Verdünnung der Lymphe einzusetzen.

Wenn der Dickdarm nicht mehr imstande ist, die Lymphe im notwendigen Umfang zu reinigen, beauftragt der Organismus die Leber mit dieser Arbeit. Die von der Leber aufgenommenen Giftstoffe werden mit der Galle ausgeschieden. Wenn der Gallenfluß übermäßig ansteigt, kann sich Galle bis in den Magen zurückstauen und Übelkeit verursachen. In Kapitel 6 werden wir ein Heilverfahren bei akuten Krankheiten erklären, das auf den Ausführungen dieses Abschnitts beruht. In diesem Zusammenhang ist die Feststellung interessant, daß die meisten Grasarten lymphreinigend wirken, und das erklärt, warum Tiere Gras fressen, wenn sie krank werden.

Im vorhergehenden Abschnitt haben wir die Rückvergiftung behandelt, die auf eine Ansammlung von fäulniserregenden (putrefaktiven) Substanzen im Verdauungskanal zurückzuführen ist. In diesem Abschnitt richteten wir unsere Aufmerksamkeit auf die Auswirkungen, welche die Ablagerung von verfaulten (postputrefaktiven) Substanzen im Dickdarm mit sich bringt. Es sind vor allem

diese Substanzen, welche die lymphreinigenden Fähigkeiten des Kolons behindern.
Vor diesem Hintergrund wird verständlich, welche Probleme auch im Lymphkreislauf entstehen können, wenn der Dickdarm verstopft ist. Es kommt nämlich zu einem Rückstau von Abfallstoffen ins Lymphsystem. Wenn diese Vorgänge andauern, gelangen Abfallstoffe in die Körpergewebe, und das kann Krankheiten verursachen. Diese Vorgänge können sich auf alle Körperteile auswirken, denn das Lymphsystem steht mit allen Körperzellen in Verbindung.

Lymphreinigung

Der erste Schritt bei der Lymphreinigung besteht in der Reinigung des Dickdarms, damit die im Lymphsystem aufgestauten mukoiden Substanzen abfließen können. Der zweite Schritt ist die Bürstenmassage – eine höchst wirkungsvolle Methode, um die Ausscheidung von neuen mukoiden Substanzen, verhärtetem kleinteiligem oder zusammengepreßtem mukoidem Material und anderen Hindernissen des Lymphsystems anzuregen und bei Entzündungen der Lymphknoten Abhilfe zu schaffen. Wie der Dickdarm, so kann auch das Lymphsystem stagnierende Ablagerungen von alten Abfallstoffen enthalten. Sobald der Dickdarm wenigstens teilweise gereinigt ist, sollte man ein paar Monate lang täglich die Haut bürsten, um das Lymphsystem völlig zu reinigen. Eine genaue Beschreibung der Bürstenmassage finden Sie in Kapitel 5.

Wenn die Bürstenmassage einige Monate lang täglich durchgeführt wird, bewirkt sie eine deutliche Verbesserung des Körpertonus. In dieser Hinsicht ist eine tägliche fünfminütige Bürstenmassage soviel wert wie ein halbstündiges, intensives körperliches Training. Oft beginnt sich im Stuhlgang Lymphschleim zu zeigen, sobald die Darmreinigung so weit fortgeschritten ist, daß der Druck nachläßt, den das im Lymphsystem zurückgestaute mukoide Material verursacht. Um jedoch das Lymphsystem von allen stagnierenden Stoffen zu reinigen, muß die Bürstenmassage weiterhin über einen längeren Zeitraum durchgeführt werden.

Wenn Lymphschleim in ausreichender Menge vorhanden ist, kann er im Stuhl leicht erkannt werden. Im allgemeinen sieht er wie Vaseline aus, auch wenn sein Farbspektrum von fast durchsichtig bis dunkelbraun reichen kann. Lymphschleim weist im Gegensatz zur klebrigen Konsistenz des mukoiden Materials im Verdauungstrakt eine eher geleeartige Konsistenz auf. Bei seiner Passage durch den Dickdarm dürfte der Lymphschleim kaum zur Verstopfung führen und ausgeschieden werden, bevor er spürbar entwässert wird. Wenn er im Kolon bleibt, wird er sich schließlich mit dem restlichen stagnierenden Material verhärten.

Sobald das Lymphsystem einmal von den stagnierenden Abfallstoffen befreit wurde, kann sein gesundes Funktionieren dadurch gewährleistet werden, daß man täglich für die Reinhaltung der Lymphe sorgt. Dazu ist es notwendig, den Dickdarm sauber und frei von Verstopfung zu halten, regelmäßig die Haut zu bürsten und die übermäßige Zufuhr von schleimbildender Nahrung zu vermeiden. Selbst wenn das Lymphsystem einmal gereinigt ist, kann es innerhalb eines Tages wieder von frischem Lymphschleim überladen werden, genauso wie ein sauberer Dickdarm in einem Tag wieder verstopft werden kann. Richtige Gesundheitsvorsorge ist eine tägliche Aufgabe.

Reflexzonen

Noch vor nicht allzu langer Zeit hatten nur wenige Menschen im Westen von Akupunktur oder Akupressur gehört. Heute wird Akupunktur in immer mehr Staaten offiziell als Heilmethode anerkannt. Die Grundidee der Akupunktur basiert auf folgendem Zusammenhang: Die Anregung bestimmter Körperpunkte durch Nadeln oder nur durch Fingerdruck kann den Gesundheitszustand eines weit entfernten Organs oder Körperteils günstig beeinflussen. Umgekehrt sind die Akupunkturpunkte oder Zonen, die einem bestimmten Organ zugeordnet sind, bei Druck empfindlich oder schmerzhaft, wenn das betreffende Organ unter Beschwerden leidet.
Manche Körperteile zeichnen sich durch die einzigartige Eigenschaft aus, über reflexologisch zugeordnete Punkte zu jedem anderen Körperteil zu verfügen. Zu diesen besonderen Reflexzonen gehören Hände und Füße. Ihre Verbindungen sind so vielfältig, daß wir sagen können: Der ganze Körper ist sowohl auf den Füßen als auch auf den Händen »abgebildet«.
Auch der Verdauungskanal ist eine solche Reflexzone. Jeder Punkt im Verdauungskanal hat eine reflexologi-

sche Verbindung mit einem bestimmten Körperbereich. Wenn eine Krankheit in irgendeinem Körperteil durch den toxischen Zustand des zugeordneten Reflexzentrums im Darm verursacht wird, dann besteht die wichtigste Einzelmaßnahme zur Überwindung jener Krankheit darin, das betreffende Reflexzentrum im Darm zu reinigen. Tatsächlich ist der Dickdarm gewöhnlich in einem wesentlich toxischeren Zustand als der Dünndarm. Daher hat die Mehrzahl der Beschwerden, die durch die Toxizität des Verdauungstrakts verursacht werden, ihren Ursprung im Kolon.

Augendiagnostischer Nachweis

Kenntnisse über die Art und Weise, wie der Verdauungstrakt den Körper abbildet, hat die Methode der Irisdiagnostik (Augendiagnose) geliefert. Die Iris ist die farbige Regenbogenhaut des Auges; Irisdiagnostik ist die Theorie und Praxis der Irisbeobachtung mit dem Ziel, Entzündungsherde im Körper aufzuspüren. Auch die Iris bildet eine Landkarte des Körpers, und ein geschickter Augendiagnostiker kann durch genaue Analyse der Regenbogenhaut viele Einzelheiten über den Zustand der gesamten Körpergewebe herausfinden.
In Abbildung 3 können Sie sehen, wie die rechte und die linke Iris den Körper abbilden. Die verschiedenen Zonen der Iris wurden mit den Namen derjenigen Körperteile beschriftet, denen sie zugeordnet sind. Rings um die Pupille sind der Dünndarm und der Dickdarm angeordnet. Um diese herum liegen die verschiedenen Körper-

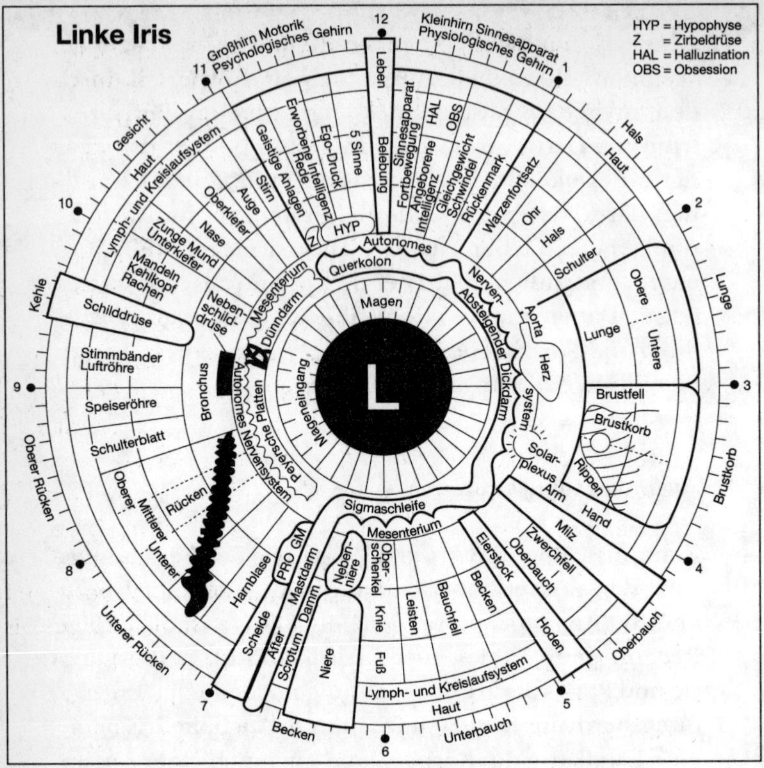

Abb. 3: (Mit freundlicher Genehmigung von Dr. Bernard Jensen)

teile. Ein toxischer Zustand an einer bestimmten Stelle im Verdauungskanal kann Erkrankungen in jenem Körperteil verursachen, der sich von dieser Stelle aus radial nach außen erstreckt.

Um ein paar Beispiele zu geben, wollen wir nun die Karte der linken Iris betrachten: Die Stelle, an der das Querko-

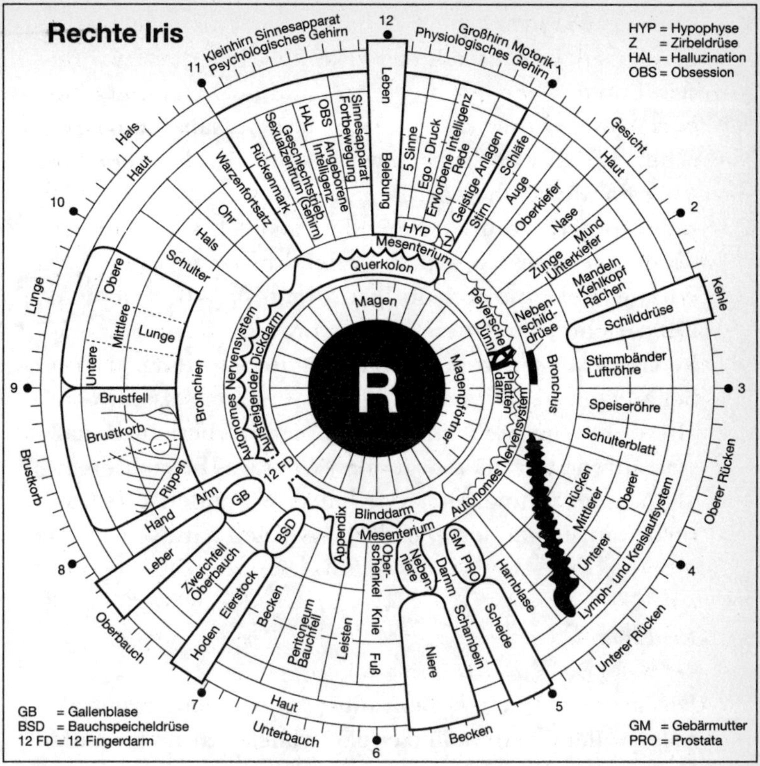

lon sich dreht und in den absteigenden Dickdarm übergeht, heißt linke Dickdarmkrümmung. Aus der Karte können wir ablesen, daß ein toxischer Zustand der linken Dickdarmkrümmung Beschwerden im Bereich der Medulla oblongata (verlängertes Mark) und des Warzenfortsatzes (Processus mastoidus am Schläfenbein) verursa-

chen kann. Ein toxischer Zustand in der Mitte des absteigenden Dickdarms kann zu Erkrankungen des Herzens, der Lunge oder der Bronchien führen. Der mit »N« bezeichnete Punkt bezieht sich auf den Nabel. Ein toxischer Zustand im Nabelbereich kann Beschwerden im unteren Rücken hervorrufen.
Jeder praktizierende Augendiagnostiker kann immer wieder die reflexologischen Verbindungen zwischen Verdauungstrakt und dem übrigen Organismus beobachten. Oft berichtet ein Patient, daß er vor Ausbruch der Krankheit jahrelang am zugeordneten Reflexzentrum im Darm Schmerzen gehabt hatte. So könnte zum Beispiel eine ältere Frau mit Krebs an der rechten Brust berichten, daß sie während der überwiegenden Zeit ihres Erwachsenenalters unter Schmerzen an der entsprechenden Reflexzone des aufsteigenden Dickdarms gelitten hätte.

Der Einlaufeffekt

Die reflexologischen Beziehungen des Verdauungskanals zu allen Körperteilen erklären auch, warum Einläufe eine so günstige Wirkung auf eine Fülle von Beschwerden ausüben. Mit Einlaufeffekt bezeichnen wir die Reflexwirkungen, welche durch anal eingeführte Flüssigkeiten auf verschiedene Körperteile ausgeübt werden. Die Stimulierung des Dickdarms mit Hilfe eines Einlaufs bewirkt heilende Reflexe in vielen Körperteilen. Auch wenn dadurch nichts oder nur wenig aus dem Kolon gespült wird, können Einläufe kräftige Impulse zur Selbstheilung vermitteln.

Viele der wohltätigen Wirkungen von Darmspülungen sind dem Einlaufeffekt zuzuschreiben. Darmspülungen (Kolon-Hydrotherapie) sind eine Art von Einläufen mit fließendem Wasser, das zur gleichen Zeit in den Körper eingeleitet wird, wie die Abfallstoffe hinausgespült werden. Nach weitverbreiteter Meinung beruht die Wirksamkeit von Darmspülungen ausschließlich auf ihrer Fähigkeit, stagnierendes verfaulendes (putrefaktives) Material aus dem Körper zu entfernen. Dennoch kann auch eine Darmspülung, die nur wenig Kot aus dem Körper ausspült, eine starke Reflexwirkung ausüben.

Vorbeugung durch Darmreinigung

In diesem Kapitel wurde gezeigt, daß die Gesamtgesundheit des Organismus in enger Beziehung zum Zustand des Verdauungskanals im allgemeinen und zum Zustand des Dickdarms im besonderen steht. In der Tat behaupten viele Autoritäten auf diesem Gebiet, daß praktisch jede Krankheit mit einem toxischen Dickdarm beginnt. Während die Wahrheit einer solchen Behauptung nur schwer zu beurteilen ist, läßt sich mit Gewißheit feststellen, daß ein toxischer Verdauungstrakt ein ursächlicher Faktor bei nahezu jeder Krankheit sein kann. Während die Reinigung des Verdauungssystems allein noch keine universale Heilmethode darstellt, vermag der Organismus jede Krankheit leichter zu überwinden, sobald das Verdauungs- und das Lymphsystem gereinigt worden sind.

Es mag sich Ihrer Kenntnis entziehen, in welchem Umfang Sie Ihre körperlichen Leiden, die Sie bis jetzt durchmachen mußten, hätten vermeiden können, wenn Sie Ihren Magen-Darm-Trakt sauber gehalten hätten. Doch können Sie mit Sicherheit davon ausgehen, daß Sie um so mehr zu leiden haben, je länger Sie diesen ungesunden Zustand nicht beenden.

Bisher war die Dickdarmreinigung schwierig, zeitraubend und eventuell kostspielig. Nun kann Ihnen dieses Programm dazu verhelfen, die weitreichenden präventiven und gesundheitlichen Nutzwirkungen einer gründlichen Reinigung des Verdauungs- und Lymphsystems zu genießen – ohne besondere Unannehmlichkeiten und unangemessenen finanziellen Aufwand. Das hier vorgestellte Programm ist umfassender und effektiver als jede andere Methode. Viele Menschen haben festgestellt, daß sie sich dadurch in nur sechzig Tagen doppelt so wohl fühlten als zuvor. Aber um davon zu profitieren, müssen Sie etwas tun. Sie sollten das gesamte Reinigungsprogramm für Verdauungs- und Lymphsystem durchführen.

3 Das Mukusproblem

In Kapitel 1 haben wir gesehen, daß die Anhäufung von altem Kot im Dickdarm auf einen mukoiden* Zustand des Verdauungstraktes zurückzuführen ist. In diesem Kapitel soll erklärt werden, wie man für sich selbst die Beziehung zwischen schleimbildenden Einflüssen und Verstopfung überprüfen kann.

Die Mukuskontroverse

Fast jeder von uns hat nach einem längeren Aufenthalt in staubiger Luft schon die Erfahrung gemacht, daß er schließlich irgendwelchen dicken Schleim auswerfen muß, in den Staubteilchen eingeschlossen sind. Die Funktion des Schleims besteht dabei darin, eine potentiell gefährliche Substanz einzufangen, um sie so am weiteren Eindringen in tiefere Körperbereiche zu hindern, sowie als Medium für die Ausscheidung dieser Substanz aus dem Körper zu dienen.

Aus dieser Beobachtung ließe sich ableiten, daß die Nahrung potentiell schädliche oder toxische Substanzen ent-

* mukoid = schleimartig, -ähnlich, -bildend;
Mukoide = schleimbildende Substanzen;
mukös = schleimig, schleimbildend;
muko- = Schleim- (in Zusammensetzungen);
Muzin(e) = Schleimstoff(e)

halten müsse, wenn der Körper auf den Verzehr bestimmter Nahrungsmittel mit Schleimbildung reagiert. Im Sinne dieser Auffassung gilt jedes Nahrungsmittel mit schleimbildenden Eigenschaften bis zu einem gewissen Grade als potentiell toxisch.

Die Mukustheorie, die davon ausgeht, daß schleimbildende Nahrungsmittel potentiell toxisch sind, wird schon seit langem heftig diskutiert. Wie wir im folgenden sehen werden, ist es hauptsächlich deshalb zu dieser Kontroverse gekommen, weil die Kenntnis und das Verständnis der betreffenden Prozesse unzureichend sind.

Nach meiner Ansicht sollte die Gültigkeit jeder Theorie an ihrem Nutzen, den sie bei der Vorhersage der tatsächlichen Abläufe zeigt, gemessen werden. In Kapitel 2 haben wir ausführlich die negativen Auswirkungen stagnierenden Kots erklärt, wenn dieser sich bei Verstopfung im Kolon ablagert. Jedes Nahrungsmittel, das tendenziell zu Verstopfung oder Stagnation führen kann, muß deshalb als potentiell toxisch bezeichnet werden.

Diskussion der Mukustheorie

Bei dem Versuch, die Gültigkeit der Mukustheorie zu überprüfen, wird meistens nur der Schleim im Atemapparat und nicht derjenige im Stuhl berücksichtigt. Mukoidbildung in den Respirationsorganen zu untersuchen ist aber höchst unzuverlässig, da die Atmungsorgane mit einigen mukoidbildenden Nahrungsmitteln Schleim erzeugen, mit anderen aber nicht – und weil sie dies nicht einmal regelmäßig tun. Im allgemeinen denkt niemand daran, seinen Stuhl auf Schleim zu untersuchen, denn meistens weiß man nicht einmal, was es bedeutet, einen schleimfreien Stuhl zu haben. Wer die Gültigkeit der Mukustheorie untersuchen möchte, sollte zuerst für einen Ausgleich zwischen den antimukoiden und den mukoidbildenden Einflüssen sorgen, um herausfinden zu können, was ein nichtmukoider Stuhl ist. An diesem Punkt kann man dann beginnen, die mukoidbildende Aktivität von Nahrungsmitteln zu testen.

Schleim ist ein normales Körpersekret. Alle Schleimhäute im Körper sondern ständig Schleim ab, um dadurch die Oberflächen feucht und gleitfähig zu halten. Jede Form von Nahrungszufuhr und sogar das Trinken von Wasser führen dazu, daß es im hinteren Teil der Mundhöhle zu einer verstärkten Bildung von gesundem, gleitfähigem Schleim kommt. Diese Tatsachen werden oft herangezogen, um die Ungültigkeit der Mukustheorie zu beweisen. Es ist jedoch einfach, gesunden Schleim zu unterscheiden von solchen mukoiden Substanzen, die als Reaktion auf Giftstoffe (Toxine) entstehen. Gesunder Schleim ist klar und glitschig. Ungesunde mukoide Substanzen sind trübe, zähflüssig und klebrig, und genau diese Art von Mukoiden wird durch schleimbildende Nahrungsmittel hervorgerufen.

Die Kontroversen, zu denen es zwischen den Verfechtern und den Gegnern der Mukustheorie kommt, liegen im Bereich der Verständigung und der Terminologie. Einige Anhänger der Mukustheorie ziehen es vor, das Wort »katarrhbildend« (katarrhalisch) statt »mukoidbildend« (schleimbildend) zu benutzen, weil »Katarrh« sich auf eine Entzündung der Schleimhaut und damit eindeutig auf einen krankhaften Zustand bezieht. Vielleicht ist das gar nicht so verkehrt, denn alle Nahrungsmittel und sogar Wasser führen wie gesagt zur Bildung von gesundem Schleim. Die meisten Anhänger der Mukustheorie betrachten die gesunde Form von Schleim überhaupt nicht als Schleim, sondern als normale Körperflüssigkeit. Einerseits haben die Kritiker der Mukustheorie jede Absonderung der Schleimhäute als Schleim definiert, während ihre Anhänger andererseits unter Schleim implizit krankhafte Absonderungen der Schleimhäute verstehen. Auf jeden Fall sollte man sich darüber im klaren sein, daß die gesunde Form mukoider Substanzen keinerlei Aufmerksamkeit auf sich zieht. Auch in einem Stuhl, den ich als nichtmukoid bezeichnet habe, befindet sich stets etwas gesunder Schleim, aber dieser ist völlig unauffällig und nicht klebrig. Immer wenn es zu auffälliger Mukoidbildung in den Atemwegen kommt oder die Exkremente sichtlich schleimhaltig sind, können Sie sicher sein, daß dadurch ein potentiell toxischer Zustand angezeigt wird. Oft sprechen Vertreter der Mukustheorie im Zusammenhang mit den Körpergeweben davon, daß ein bestimmtes Gewebe mit Schleim gesättigt ist oder die Lymphe Schleim enthält. Diese Ausdrücke sind in westlichen Sprachen allgemein verständlich. Doch nach der modernen wissenschaftlichen Definition bedeutet Schleim (Mukus) eine Absonderung der Schleimhäute. Weil sich aber in den meisten Muskeln oder im Lymphsystem keine Schleimhautgewebe befinden, dürfte es folglich dort auch keinen Schleim geben. Viele Ausdrücke mit dem Wort »Schleim« (oder seinen meist von *mucus* abgeleiteten Entsprechungen in anderen westeuropäischen Sprachen), die im umgangssprachlichen Verständnis völlig richtig sind, werden widersprüchlich oder falsch, wenn sie in ihrer genauen wissenschaftlichen Bedeutung verstanden werden. Trotzdem sollten wir uns daran erinnern, daß diese Ausdrücke schon längst zu den europäischen Umgangssprachen gehört haben, bevor moderne wissenschaftliche Konventionen aufgestellt wurden.

Es gibt eine bestimmte Krankheit, die in der Medizin als Myxödem bezeichnet wird. Bei dieser Krankheit kommt es zu Schwellungen des Körpers durch Substanzen, die nach Erkenntnis der Biochemiker zu den sogenannten Mukopolysacchariden gehören. Der Terminus »Myxödem« wird gebildet aus den griechischen Wörtern *myxa* (= »Schleim«) und *oídema* (= »Schwellung«). Die wörtliche Bedeutung von »Myxödem« ist daher »Schwellung mit Schleim«. Aber die Behauptung, bei Myxödemen schwelle der Körper mit Schleim an, ist wissenschaftlich falsch, da Mukopolysaccharide kein Schleim sind.

Ich bezweifle keineswegs die Notwendigkeit genauer Definitionen im Rahmen einer strengen Naturwissenschaft wie der Biochemie. Es gibt im Körper unzählige Substanzen. Um die komplizierten Funktionen und Wechselwirkungen dieser Substanzen zu analysieren, ist eine möglichst genaue Terminologie wichtig. Ich bedauere nur, daß der Terminus »Schleim« wissenschaftlich auf eine Weise definiert wurde, die so oft im Widerspruch zu seiner überlieferten Bedeutung steht.

Das vorliegende Buch habe ich aber nicht für Biochemiker oder andere Biowissenschaftler geschrieben. Mein Ziel ist es hier, in allgemeinverständlicher Form Kenntnisse über richtige Gesundheitsfürsorge zu vermitteln.

Wenn man dabei der wissenschaftlichen Terminologie folgte, würde man die Leser nur abschrecken und so das Gegenteil von dem bewirken, was ein solches Buch anstrebt.

Mukoide Substanzen

Um die vielen Schwierigkeiten beim Gebrauch des Wortes »Schleim« zu vermeiden, ziehe ich es vor, statt dessen von »mukoiden Substanzen« zu sprechen. Ausdrücke wie »mukoide Substanzen«, »mukoides Material« und »mukoid« beziehen sich alle auf jegliche Art von schleimartigen, klebrigen und leimähnlichen Stoffen, die im Körper deshalb gebildet werden, um ausscheidungspflichtige Substanzen im Suspensionszustand zu halten. Dieser Ausdruck umfaßt im allgemeinen alles, was auch ein Nichtfachmann als Schleim betrachten würde, ganz gleich, ob es sich bei der tatsächlichen Substanz nun um Schleim, Mukoide, Muzine, Kolloide, Mukopolysaccharide, Mukoproteine, Glykoproteine oder andere Stoffe handelt. Mukoide Substanzen können in den Atmungsorganen, dem Verdauungstrakt, dem Lymphsystem, der Gebärmutter, der Scheide, dem Harnsystem, dem Bindegewebe oder anderen Körperteilen gebildet werden. Sie können in jedem Körpergewebe vorkommen oder abgesondert werden. Glitschige, aber nichtklebrige Substanzen, die im Körper für Gleitfähigkeit sorgen, so wie der normale Speichel, der sich beim Wassertrinken in der hinteren Mundhöhle bildet, gelten definitionsgemäß nicht als mukoide Substanzen. Von dieser Definition ausgeschlossen sind auch die obengenannten Mukopolysaccharide und andere Bestandteile von mukoiden Substanzen, wenn sie in einer Form vorliegen, die nicht die Konsistenz und die Funktion von mukoidem Material besitzt.

Mukoidbildung

Ernährungsumstellung

Obwohl der übermäßige Verzehr mukoidbildender Nahrungsmittel und die unzureichende Zufuhr von Laktobakterien die Hauptursachen für einen toxischen Zustand des Dickdarms bilden, empfehle ich nicht, sofort zu einer Kost überzugehen, die völlig frei von mukoidbildender Aktivität ist. Sowohl der Körper als auch die Seele brauchen Zeit, um sich einer Ernähungsumstellung anzupassen. Das läßt sich vergleichen mit einem Pendel, das zuerst weit in die eine Richtung schwingt und dann weit in die Gegenrichtung ausschlägt. Wenn Sie bestimmte Nahrungsmittel allzu eilig aus Ihrer Kost streichen, werden Sie sich möglicherweise so unwohl fühlen, daß Sie wieder anfangen werden, zu Ihrer alten Kost zu greifen. Bei einer Ernährungsumstellung kommt es darauf an, diesen Pendeleffekt zu vermeiden. Gehen Sie vor allem freundlich mit sich selbst um! Versuchen Sie nie in einer Art und Weise zu essen, die etwas Zwanghaftes an sich hat! Fassen Sie den festen Entschluß, Ihre Ernährung zu verbessern, und behalten Sie dieses Ziel im Auge, während Sie geduldig nach Mitteln und Wegen suchen, um dieses Ziel auf angenehme Weise zu erreichen.

Im allgemeinen möchte ich Ihnen empfehlen, daß Sie sich in Ihrem eigenen, angemessenen Tempo dem Ziel nähern, mukoidbildende Nahrungsmittel allmählich aus Ihrer Kost zu streichen und diese gleichzeitig durch nichtmukoide zu ersetzen. Diese Umstellung mag Wochen oder Jahre dauern, und es liegt bei Ihnen, zu entscheiden, wie weit Sie gehen wollen. Einige Menschen werden schließlich alle vorgeschlagenen Änderungen durchführen, einige die Hälfte, einige ein Viertel und einige gar keine. Wenn Sie jedoch mein Darmsanierungsprogramm anwenden, bietet sich Ihnen eine ideale Gelegenheit zur Ernähungsumstellung, weil Sie durch dieses Programm in die Lage versetzt werden, bei wesentlich leichterer Kost größere Befriedigung zu empfinden als früher. Die meisten von uns glauben, sie könnten niemals satt werden, wenn sie sich nur von Gemüse, Obst und Keimen ernährten. Das ist auch richtig bei Menschen, deren Eingeweide mit mukoidem Material überladen sind. Wenn Sie erst einmal die mukoiden Substanzen aus Ihrem Verdauungssystem entfernt haben, werden Sie zu Ihrem Erstaunen feststellen, wie nahrhaft und sättigend eine Kost sein kann, die hauptsächlich aus Gemüse, Früchten und Sprossen besteht.

Je weniger mukoidbildende Nahrungsmittel Sie essen, desto besser wird Ihr Gesundheitszustand schließlich sein. Wer seine Kost überhaupt nicht ändern möchte, kann aus der Durchführung meines Darmreinigungsprogramms dennoch Nutzen ziehen. Bedenken Sie jedoch, daß Sie niemals strahlende Gesundheit erlangen werden, solange Sie mukoidbildende Kost essen.

Die Bewertung der Nahrungsmittel nach ihrer mukoidbildenden Aktivität ist nichts, was Sie blindlings akzeptieren müßten. Sie können dies ganz einfach für sich selbst beurteilen, indem Sie Ihren Stuhlgang beobachten. Anweisungen dazu habe ich in Kapitel 1 gegeben.
In diesem Buch möchte ich keine ausführlichen Erklärungen zu den Vorteilen einer vegetarischen Ernährungsweise geben. In anderen Publikationen werde ich der Frage der richtigen Ernährung in aller Ausführlichkeit nachgehen, aber an dieser Stelle würde uns das zu weit von unserem Hauptthema wegführen. Ich bin gegen den Verzehr aller tierischen Produkte, seien es nun Proteine in Form von Fleisch, Fisch und Eiern, oder seien es nun Milchprodukte. Ich habe schon vielen Menschen sehr geholfen, indem ich ihnen gezeigt habe, wie sie diese Nahrungsmittel am besten vermeiden können. Ganz gleich, wie Sie zu meiner Auffassung stehen, Sie brauchen sich dadurch nicht von der Durchführung meines Reinigungsprogramms abhalten zu lassen. Mit diesem kurzen Abschnitt über Nahrungsmittel verfolge ich nicht die Absicht, alle Fragen zur Ernährungsumstellung zu beantworten, sondern Ihnen einfach genügend Informationen zu geben, damit Sie selbst die Beziehung zwischen mukoiden Stühlen und mukoidbildenden Nahrungsmitteln testen können.
Milchprodukte aus Kuhmilch, pasteurisiert oder roh, sind die am meisten mukoidbildenden unter allen Nahrungsmitteln. Dazu gehören (Voll-)Milch, Magermilch, Molke, Sahne, Butter, Ghee (eine indische Art von halb-

flüssiger Kochbutter), Käse, Quark, Joghurt und Kefir. Jedes dieser Produkte ist ein übler Mukoidbilder. Ziegenmilch ist jedoch wesentlich weniger mukoidbildend als Kuhmilch.
Fleischnahrung wie Fleisch, Fisch und Eier ist fast ebenso stark mukoidbildend wie Kuhmilchprodukte. Diese Art von Nahrung wirkt gewöhnlich weniger stark auf die Atmungsorgane, aber der Gesamtbetrag an mukoiden Substanzen ist immer noch sehr groß.
Bei pflanzlicher Kost gibt es große Unterschiede: von hochgradig mukoidbildend bis zu völlig nichtmukoid. Bevor wir sie nach ihrer mukoidbildenden Aktivität bewerten, wollen wir zuerst unsere Begriffe definieren. In diesem Zusammenhang wollen wir die eßbaren Teile von Pflanzen einteilen in Gemüse, Früchte, ausgereifte Samen und Keime oder Sprossen:

- Als *Gemüse* bezeichnen wir eßbare Wurzeln, Stengel, Stämme, Stiele, Blätter, Blütenknospen, Blüten, saftigunreife Samen und einzellige Organismen.
- Wenn ein Same in zartes, saftiges und eßbares »Fleisch« eingeschlossen ist, nennen wir diese Masse *Frucht.*
- *Samen,* die normalerweise zusammen mit der sie umhüllenden Frucht gegessen werden, gelten als Teil dieser Frucht. Reife Samen werden eingeteilt in Ölsaaten, Getreide und Hülsenfrüchte (Leguminosen).
- Zu den *Ölfrüchten* (Ölsaaten) gehören alle Nußarten, Kokosnüsse und andere nußähnliche Samen wie Sonnenblumenkerne, Sesamkörner und Kürbiskerne.
- *Getreidekörner* sind die ausgereiften, trockenen Samen

von Pflanzen, die zur botanischen Ordnung der Gräser gehören, wie zum Beispiel Weizen, Reis, Roggen, Mais, Gerste, Hafer, Hirse und hybride Getreidesorten (zum Beispiel Triticale). Zu Ernährungszwecken rechnen wir Buchweizen zum Getreide, obwohl diese Pflanze nicht zu den Gräsern gehört.
- *Hülsenfrüchte* sind die reifen, trockenen Samen von hülsentragenden Pflanzen. Dazu gehören alle Arten von Bohnen, Linsen, reife und trockene Erbsen usw.
- Als *Keime* oder *Sprossen* bezeichnen wir das anfängliche Entwicklungsstadium einer neuen Pflanze; sie entstehen, wenn ein Samen zu wachsen beginnt. Aus Keimen wird Gemüse, wenn es nicht mehr üblich ist, die ganze Pflanze auf einmal zu essen.

Die folgenden Beispiele sollen die obigen Definitionen verständlicher machen: Ahornsirup, Hefe und Spirulina (eine Art von Plankton) werden zu den Gemüsen gerechnet. Grüne Bohnen, Gurken, Okras (Ladyfinger, eßbarer Eibisch), Auberginen, Zucchini, alle Melonen- und Kürbissorten sind Früchte. Weizengras und frischer Mais am Kolben sind Gemüse, aber Maismehl, Maisbrot, Maischips und Maistortillas sind Getreideprodukte. Frische Erbsen in zartem, saftigem Zustand gehören zum Gemüse, aber ausgereifte, getrocknete Erbsen, wie sie zum Beispiel für Erbsensuppe gebraucht werden, zu den Hülsenfrüchten.

Unter aller Pflanzennahrung sind Sojabohnen am stärksten mukoidbildend. In ihrer mukoidbildenden Aktivität lassen sie sich vergleichen mit Fleisch, Fisch und Eiern und kommen den Milchprodukten nahe. Die Verderblichkeit von Sojaprodukten ist ebenfalls derjenigen von Fleisch sehr ähnlich. Sie haben sicher schon gemerkt, wie schnell Tofu oder Sojamilch verderben. Sojabohnen haben große Beachtung gefunden, denn vom Nährwert her gesehen sind sie ein geeigneter pflanzlicher Ersatz für Fleisch- und Milchprodukte. Das gilt aber nicht nur für ihren Gehalt an Protein und anderen Nährstoffen, sondern auch für ihre mukoidbildende Aktivität und ihre leichte Verderblichkeit. Die Auffassung, Sojabohnen seien günstig für die Grundernährung, beruht auf der Ähnlichkeit ihrer biochemischen Zusammensetzung mit derjenigen von tierischer Nahrung (Fleisch- und Milchprodukte). Wenn Sie jedoch Ihre Gesundheit verbessern wollen, indem Sie tierische Nahrung aufgeben, dann müssen Sie auch die Vorstellungen von einer Nährstoffversorgung aufgeben, die mit einer solchen Kost verbunden sind. So zollen Vegetarier, die regelmäßig Sojaprodukte verzehren, einen hohen Tribut an die falsche und schädliche Vorstellung, daß ihr Organismus nicht ohne tierische Produkte auskommen könnte.

Was den Grad der mukoidbildenden Aktivität angeht, so kommen alle anderen Arten von Hülsenfrüchten nach den Sojabohnen, wenn auch in deutlichem Abstand. Trotzdem entwickeln auch die anderen Hülsenfrüchte eine erhebliche mukoidbildende Aktivität. Buchweizen ist in dieser Hinsicht mit den Hülsenfrüchten vergleichbar.

Hinter den Hülsenfrüchten rangieren das Getreide und die Ölsaaten. Hirse ist eine besondere Getreidesorte, denn ihre mukoidbildende Aktivität beträgt nur ein Viertel bis ein Drittel von derjenigen anderer Getreidesorten und läßt sich in dieser Hinsicht mit den Ölsaaten vergleichen. Weil oft ganze Getreidekörner gegessen werden, um für regelmäßigen Stuhlgang zu sorgen, könnte man den Eindruck gewinnen, daß Getreide nicht mukoidbildend sei. Das trifft aber nicht zu. In dem Abschnitt über Kleie weiter hinten in diesem Kapitel werden wir noch mehr zum Thema Getreide und regelmäßiger Stuhlgang zu sagen haben.

Im Verlauf des Keimungsvorgangs verlieren Keime ihre mukoidbildende Aktivität. Wenn sie anstelle von Getreidekörnern verwendet werden, haben sie gewöhnlich anderthalb bis zwei Tage gekeimt und zeigen noch immer mukoidbildende Aktivitäten, wenn auch in wesentlich geringerem Maße als im ursprünglichen Zustand. Damit sie ihre mukoidbildende Aktivität völlig verlieren, sollte man Getreidekörner, Buchweizen und Sojabohnen im allgemeinen bei Zimmertemperatur sechs Tage oder länger wachsen lassen. Alle Hülsenfrüchte außer Sojabohnen verlieren schon den größten Teil ihrer mukoidbildenden Aktivität, wenn man sie bei Zimmertemperatur drei bis vier Tage wachsen läßt.

Honig schwankt in seiner mukoidbildenden Aktivität je nach den Blüten, von denen er stammt. Die meisten Honigsorten besitzen nur geringe oder keine mukoide Wirkung. Zum Beispiel gehört Eukalyptushonig zu den Sorten, die wegen ihrer relativ hohen mukoidbildenden Aktivität auffallen.

Gemüse und Früchte sind praktisch frei von mukoidbildender Aktivität. Sie sind die reinsten Lebensmittel in der Natur. Ausnahmen bilden begaste Bananen und geschwefelte Trockenfrüchte, die sich aufgrund menschlicher Eingriffe mukoidbildend verhalten. Fast alle Bananen auf dem Markt werden bis zu dreißigmal gespritzt, grün geerntet, kühl transportiert und gelagert und zuletzt mit Gas behandelt, um den Reifungsprozeß einzuleiten. Nur selten kann man in bestimmten Naturkostläden Bananen finden, die nicht begast wurden. Außer manchen Feigen- und Dattelsorten sind heute fast alle Trockenfrüchte als geschwefelt zu betrachten, selbst wenn auf der Verpackung »ungeschwefelt« steht.

Präparate zur Nahrungsergänzung sind oft mukoidbildend. Alle Eiweißpräparate, außer hundertprozentig reiner Hefe und Spirulina (Plankton), sind hochgradig mukoidbildend, denn sie enthalten Soja, Milch, Eier oder Fleischprodukte. Viele der beliebten Hefepräparate sind stark mukoidbildend, denn sie enthalten bis zu 50 Prozent Molke. Präparate wie Vitamine, Mineralstoffe und Verdauungsenzyme in Tablettenform können bis zu einem gewissen Grad ebenfalls mukoidbildend wirken.

Heilpflanzen bewirken oft eine Änderung im Mukoidgehalt des Stuhls. Es gibt Kräuter, die den Mukoidgehalt im Stuhl verringern. Es gibt auch zahlreiche andere Heilpflanzen, die zwar selbst nicht mukoidbildend wirken, aber dafür sorgen, daß altes mukoides Material aus dem Körper ausgeschieden wird, und das führt zu einem höheren Mukoidgehalt im Stuhl. Die geleeartige Konsistenz von Flohsamen bewirkt, daß der Kot zusammenklebt, selbst wenn die Ernährung völlig frei von Mukoidbildung ist. Manche Gewürze wirken ähnlich wie Heilpflanzen: Zimt (in leichtem Maße) und besonders Kümmel sind dafür bekannt, daß sie Verstopfung bewirken. Gelatinekapseln, die in großem Umfang dazu benutzt werden, um

Arzneimittel in Pulverform aufzunehmen, besitzen eine gewisse mukoidbildende Aktivität. Um eine Verfälschung der Resultate zu vermeiden, wenn die mukoidbildende Aktivität von normalen Nahrungsmitteln getestet wird, sollten die in diesem Abschnitt aufgelisteten Produkte nicht genommen werden.

Mukoidbildende Einflüsse aus der Luft

Verschmutzte Luft ist im allgemeinen mukoidbildend. Sensible Personen mit einer Kost, die nahezu oder gänzlich frei von mukoidbildenden Einflüssen ist, können eine deutliche mukoide Reaktion feststellen, wenn sie verschmutzte Luft atmen müssen. Passives Rauchen, zu dem es in Räumen kommt, in denen andere Personen rauchen, ist ebenfalls mukoidbildend. Diese Reaktionen auf verschmutzte Luft sind eher in den Atemwegen als im Verdauungssystem festzustellen.

Widerstandsfähigkeit gegen Mukoide

Manche Menschen zeigen eine wesentlich geringere Widerstandsfähigkeit gegen mukoidbildende Einflüsse. Bei ihnen kommt es zu deutlich mukoiden Reaktionen, auch wenn sie nur in geringem Maße mukoidbildenden Einflüssen aus Nahrung oder Luft ausgesetzt waren. Sie können sich noch so sehr um eine von mukoiden Einflüssen freie Ernährung bemühen, es gelingt ihnen nur selten, einen völlig nichtmukoiden Stuhlgang zu haben.

Diese Menschen haben im allgemeinen einen niedrigen Stoffwechselumsatz, der durch Schilddrüseninsuffizienz verursacht wird.
Weiter vorne in diesem Kapitel war von einer als Myxödem bezeichneten Krankheit die Rede. Sie wird verursacht durch eine Störung der Schilddrüsenfunktion, die zu einem sehr niedrigen Ausstoß des Schilddrüsenhormons führt. Ohne ausreichende Versorgung mit diesem Hormon verlangsamt sich der Stoffwechsel. Da die Nahrung dann nur noch unvollständig verbrannt wird, bildet sich im Stoffwechsel so etwas wie »Rauch« oder »Ruß« im Vergleich zu einer vollständig verbrennenden »Flamme«. Dieser »innere Rauch« oder »Ruß« wird vom Körper genauso behandelt wie derjenige, der von außen kommt: Der Körper erzeugt Mukoide, um die unerwünschten Partikel in Suspension zu halten.
Während Myxödeme eine extreme Form der Schilddrüseninsuffizienz sind, die statistisch gesehen nur sehr selten vorkommt, ist eine leicht reduzierte Schilddrüsenaktivität recht häufig. Unter diesen Bedingungen ist der Körper nicht mehr so gut in der Lage, mukoidbildende Substanzen im Stoffwechsel zu verarbeiten oder zu verbrennen, und das führt zu verstärkter Mukoidbildung. Der starke Mukoidgehalt in den Körpergeweben sollte eigentlich in die Lymphe abfließen, welche aber leicht überladen wird, wenn der Dickdarm toxisch ist. Deshalb werden sich bei den Betroffenen mit größerer Häufigkeit Symptome von Lymphstauung (Kongestion) zeigen – wie Störungen der Atem- und der Harnwege, Frauenleiden und Hautkrankheiten – als bei Menschen mit ausreichender Schilddrüsenaktivität. In diesen Fällen ist das

Energieniveau im allgemeinen niedrig; gewöhnlich wird das fälschlicherweise der Anämie (Blutarmut) zugeschrieben, die dabei ebenfalls häufig auftritt. Zu Anämie kommt es, weil die Kapazität des Knochenmarks, rote Blutkörperchen zu produzieren, mit fallender Körpertemperatur stark abnimmt. Bei Schilddrüsenunterfunktion ist die Körpertemperatur ebenfalls niedrig, und die Extremitäten sind am kältesten. Unter diesen Umständen wird es in den Extremitäten kaum oder nur in geringem Maße zur Blutbildung kommen. Andere mögliche Symptome bei Schilddrüsenunterfunktion sind Migräne und eine erhöhte Anfälligkeit für Arteriosklerose (Verhärtung der Arterienwände) mit den daraus resultierenden vielfältigen Störungen des Herz-Kreislauf-Systems.

Ein brauchbarer Indikator für den Stoffwechselumsatz ist die Körpertemperatur. Je nach körperlicher Aktivität schwankt die Körpertemperatur, steigt aber im allgemeinen im Verlauf der täglichen Aktivitäten langsam an. Während des Schlafs fällt die Körpertemperatur und erreicht gewöhnlich kurz vor dem Aufwachen den Tiefpunkt einer 24-Stunden-Periode. Als Basaltemperatur bezeichnet man die tiefste Körpertemperatur im Verlauf einer 24-Stunden-Periode. Sie kann als Maßstab für die Schilddrüsenfunktion benutzt werden.

Um selbst Ihre Basaltemperatur zu messen, besorgen Sie sich am besten ein Basalthermometer. Sie werden gewöhnlich in Apotheken von Frauen gekauft, die den Zeitpunkt des Eisprungs bestimmen wollen (zum Beispiel Zyklotest). Diese Art von Thermometern hat im Bereich um 37 °C eine verlängerte Skala mit wesentlich größerer Genauigkeit, die zur richtigen Beurteilung des Stoffwechselumsatzes notwendig ist. Bevor Sie zu Bett gehen, sollten Sie das Thermometer nach unten schütteln und es neben sich legen. Unmittelbar nach dem Aufwachen am Morgen stecken Sie das Thermometer seitlich unter die Zunge und liegen mit geschlossenen Augen sieben Minuten lang still. Dann schieben Sie das Thermometer auf die andere Zungenseite und warten drei Minuten, bevor Sie es ablesen. Dabei dürfen Sie auf keinen Fall sitzen, aufstehen, sich im Bett wälzen oder drehen, trinken oder reden, bevor Sie die Temperatur abgelesen haben, da diese rasch ansteigt, sobald Sie sich irgendwie zu regen beginnen.

Messen Sie Ihre Basaltemperatur an mehreren Tagen hintereinander, bis Sie zehn möglichst genaue Werte haben; alle Werte, deren Genauigkeit Ihnen zweifelhaft erscheint, lassen Sie aus. Frauen sollten dabei die Werte vom Beginn der Periode bis zum Tag vor dem Eisprung (gewöhnlich nach vierzehn Tagen) benutzen. Beim Eisprung fällt die Basaltemperatur auf ihren Tiefstwert, um dann in wenigen Tagen um etwa 1 bis 2 °C auf höhere Durchschnittswerte anzusteigen.

Die normale Basaltemperatur liegt zwischen 36,5 und 36,8 °C. Bei Schilddrüsenunterfunktion neigt die Körpertemperatur zu deutlichen Schwankungen, bleibt aber im allgemeinen unter 36,5 °C. Bei einer Temperaturänderung um 1 °C ändert sich der Stoffwechselumsatz um etwa 18 Prozent. Eine niedrige Basaltemperatur ist ein Anzeichen für einen niedrigen Stoffwechselumsatz, eine erhöhte Basaltemperatur für einen beschleunigten Stoffwechselumsatz. Abgesehen von Zeiten der Krankheit, der nervlichen Anspannung oder des Fastens gibt dieser Test ein recht genaues Maß für die Schilddrüsenaktivität bzw. den Stoffwechselumsatz. Nur in etwa einem Prozent der Fälle mit solchen niedrigen Werten werden diese durch Unterfunktion der Nebennieren oder der Hypophyse verursacht.

Antimukoide Mittel

Laktobakterien

Eine gesunde Population von Laktobakterien im Verdauungstrakt übertrifft bei weitem alle mir bekannten Stoffwechselaktivatoren in ihrer Kontrollwirkung auf den Mukoidgehalt des Stuhls. In Wirklichkeit ist es im allgemeinen nicht möglich, ohne eine gesunde Population von Darmbakterien einen nichtmukoiden Stuhl zu erhalten. Die Anwesenheit dieser Bakterien fördert sowohl voluminöse, gleitfähige Stühle als auch häufigeren Stuhlgang. Lakto- und Fäulnisbakterien treten im Verdauungstrakt in vielerlei Weise als Gegenspieler auf. Laktobakterien nähren sich von Kohlenhydraten, Fäulnisbakterien von Proteinen. Fäulnisbakterien gedeihen nicht in dem von Laktobakterien erzeugten sauren Medium. Bei dem Stoffwechsel von Protein durch die Fäulnisbakterien wird jedoch Ammoniak frei, das die von den Laktobakterien erzeugte Säure neutralisiert. Deshalb bedarf es eines kräftigen Laktobakterienwachstums im Darm, damit diese schließlich die Oberhand über die Fäulnisbakterien erringen können. Eine proteinreiche Kost wird stets große Mengen von Fäulnisbakterien im Verdauungstrakt erzeu-

gen, selbst wenn diese Kost beträchtliche Anteile von Kohlenhydraten enthalten sollte.
Solange der Dickdarminhalt nicht einen bestimmten Säuregrad erreicht, wird der Stuhlgang normalerweise träge sein. Der Dickdarm ist in Wirklichkeit eine bakteriologische Fermentationskammer; und es scheint so, als würde der Körper am Säuregrad im Dickdarm erkennen, wann die Fermentationsvorgänge abgeschlossen sind und der Kot ausgeschieden werden kann. Wenn der Dickdarm große Mengen von Laktobakterien bei relativ geringen Anteilen von Fäulnisbakterien enthält, ist der Säuregehalt so hoch, daß es täglich zwei- bis viermal zu Stuhlgang kommt. Unter diesen Bedingungen hat sich der Kot nur für relativ kurze Zeit im Kolon aufgehalten; sein größerer Wassergehalt macht die Stühle weicher und voluminöser.
Laktobakterien nähren sich von den verschiedenen Arten von Kohlenhydraten. Eine kohlenhydratreiche Kost allein reicht jedoch noch nicht aus, um eine gesunde Laktobakterienpopulation im Verdauungstrakt zu sichern. Das liegt daran, daß die Laktobakterien mit dem Körper um ihren Kohlenhydratanteil kämpfen müssen. Unsere Nahrung gelangt zuerst in den Magen, wo sie sich eine Zeitlang in einem stark sauren Milieu aufhält, in welchem die Proteinverdauung einsetzt. Der hohe Säuregehalt im Magen ist für die Proteinverdauung nicht unbedingt erforderlich, bewirkt aber die Vernichtung der meisten Bakterien. Wenn der Nahrungsbrei schließlich aus dem Magen in den Dünndarm gelangt, ist der Anteil an lebenden Bakterien nur noch äußerst gering. Durch verschiedene biochemische Prozesse neutralisiert der

Körper dann den Säuregehalt und verschiebt den pH-Wert des Nahrungsbreis in den alkalischen Bereich. Während der Nahrungsbrei den Dünndarm passiert, nimmt die Zahl der Bakterien ganz langsam wieder zu. Erst wenn sich die unverdauten Nahrungsreste in den Dickdarm entleeren, werden sie normalerweise größeren Mengen von Bakterien ausgesetzt. Wenn jedoch der Körper zu dem Zeitpunkt, wo die Nahrungsrückstände in den Dickdarm gelangen, fast alle Kohlenhydrate aus der Nahrung aufgenommen hat, kann eine gesunde Population von Laktobakterien dort nicht existieren, und die Fäulnisbakterien werden dominieren. Dazu kann es kommen, weil Protein, die Nahrung der Fäulnisbakterien, sehr viel schwerer zu verdauen und zu assimilieren ist als Kohlenhydrate und daher immer in den Nahrungsrückständen präsent sein wird.

An dieser Stelle verdienen drei Lebensmittel besondere Erwähnung, da sie das Wachstum von Laktobakterien im Darm kräftig unterstützen. Das erste davon ist die Zwiebel, denn sie sorgt am besten für die Steigerung des Laktobakterienwachstums. Um zu spürbaren Resultaten zu kommen, sollte man täglich eine mittelgroße bis große rohe oder gekochte Zwiebel essen.

Das zweite Lebensmittel, das unsere Aufmerksamkeit verdient, ist der Kohl. Kohl hat die Eigenschaft, ausschließlich Laktobakterien zu nähren, und sie gedeihen und wachsen schnell damit. Gleichzeitig besitzt Kohl die Eigenschaft, das Wachstum von Fäulnisbakterien zu unterdrücken. Wenn Kohl mehrere Tage hintereinander gegessen wird – und unter der Voraussetzung, daß schon genügend Laktobakterien im Körper vorhanden sind –, wirkt er nicht nur der Mukoidbildung im Darm entgegen, sondern reduziert auch deutlich den Fäulnisgeruch des Stuhlgangs. Um einen spürbaren Effekt zu erzielen, ist es notwendig, zwei- bis dreimal täglich ein halbes bis ein ganzes Glas Kohlsaft zu trinken. Kohlgemüse hat dieselbe Wirkung wie der Saft, doch müßte man täglich ein Pfund davon essen, um eine deutliche Wirkung zu erzielen.

Nummer drei unter diesen erwähnenswerten Lebensmitteln ist der Topinambur (Erdartischocke). Es handelt sich dabei um die süßlich schmeckenden Knollen einer Sonnenblumenart, die unter der Erde wachsen und keinerlei Gemeinsamkeit mit Artischocken aufweisen, außer daß sie in gekochtem Zustand vielleicht etwas ähnlich schmecken. Vor einigen Jahren war Topinambur in den USA kaum bekannt, aber inzwischen ist er dort zu einem Gemüsehit geworden.* Topinambur enthält vor allem bis zu 20 Prozent Kohlenhydrate, davon bis zu 16 Prozent Inulin, und ist deshalb auch für Diabetiker besonders gut geeignet. Inulin wird nämlich vom menschlichen Organismus nicht verdaut und resorbiert. Es gibt aber bestimmte Arten von Laktobakterien, die sich von Inulin ernähren. Wenn Topinambur verzehrt wird, dient Inulin als Quelle für eine Art von Bakteriennahrung, die der Körper nicht für sich haben will. Deshalb erreicht der größte Anteil des aufgenommenen Inulins den Dickdarm in unveränderter Form. Durch täglichen Verzehr von 75

* Leider ist dieses wertvolle Wurzelgemüse bei uns so gut wie unbekannt und auf dem Markt nur schwer erhältlich. Der Anbau im eigenen Garten ist aber einfach.

bis 100 Gramm Topinambur kann das Wachstum von Laktobakterien enorm gefördert werden.
Topinambur kann roh oder gekocht verzehrt werden. In rohem Zustand kann man die Knollen raspeln oder in dünne Scheiben schneiden und als Rohkost verwenden. Um die Knollen zu garen, kann man sie zum Beispiel in Scheiben mit anderen Gemüsesorten dünsten oder sie auch braten und backen. Während Topinambur eine bessere Laktobakteriennahrung als Kohl darstellt, hat er aber nicht die Eigenschaft, die Fäulnisbildung im Darm zu unterdrücken.
Ein zweiter Nachteil von Topinambur ist der, daß er auch Candida-Hefepilze nähren und deshalb bei einer Candida-Infektion (Mykose) zu einer Verschlimmerung des Zustands führen kann. Ein weiterer Nachteil, den Kohl und Topinambur gemeinsam haben, besteht darin, daß sie eher die Heterofermentation unterstützen als die Homofermentation. Bei der Heterofermentation (Fremdfermentation) erzeugen Laktobakterien außer Milchsäure auch Kohlensäure und andere Abfallprodukte des Fermentationsprozesses. Bei der Homofermentation (Eigenfermentation) wird von den Laktobakterien nur Milchsäure und keine Kohlensäure freigesetzt. Kohlendioxyd (CO_2) ist an sich geruchlos, und wenn sonst keine anderen Gase im Darm gebildet werden, bleibt CO_2 bis zum Verlassen des Körpers auch geruchlos. Im Gegensatz dazu unterstützen Zwiebeln hauptsächlich die Homofermentation und sind auch in anderer Hinsicht das aktivste der drei erwähnten Nahrungsmittel.
Bei der normalen Ernährungspraxis geht man davon aus, daß man entweder Laktose (Milchzucker) oder Dextrin

zuführen sollte, wenn man den Laktobakterien eine Nahrung geben will, die nicht vom Körper verdaut und resorbiert werden kann. Laktose ist ein Milchprodukt; sie wird oft in Form von (laktosehaltiger) Molke genommen. Dextrin ist ein künstliches Kohlenhydrat. Beide sind aber hochgradig mukoidbildend. Dagegen sind Zwiebeln, Kohl und Topinambur Lebensmittel, die denselben Zweck erfüllen und obendrein nicht zur Mukoidbildung führen. Soweit mir bekannt ist, bin ich der erste Ernährungsberater, der auf den Wert von Topinambur als Alternative zu Laktose, Molke und Dextrin hingewiesen hat.

Faserstoffe

Unter Faserstoffen (Ballaststoffen) verstehen wir den unverdaulichen Anteil unserer Nahrung. Der Nutzen der Faserstoffe für die Dickdarmfunktion hat in letzter Zeit große Beachtung gefunden. Diese nützliche Wirkung erklärt sich aus mehreren unterschiedlichen Formen von biochemischer Aktivität, und verschiedene Arten von Faserstoffen besitzen verschiedene Kombinationen solcher Eigenschaften. Einige Arten von Faserstoffen unterstützen die Dickdarmfunktion, weil sie zusätzliche Feuchtigkeit im Verdauungstrakt an sich binden. Andere Formen von Faserstoffen fördern die Dickdarmfunktion, indem sie eine Masse bilden, welche die Eingeweide dazu anregt, den Darminhalt durch den Darm zu befördern. Bei ausreichender Zufuhr tragen viele Arten von Faserstoffen dazu bei, eine üppige Laktobakterienpopulation im

Darm zu unterstützen. Wie bereits erwähnt wurde, ist dies von entscheidender Bedeutung für die Kontrolle des Mukoidgehalts im Stuhl.
Damit die antimukoiden Wirkungen der verschiedenen Arten von Faserstoffen zum Tragen kommen, muß der Verdauungskanal zuerst einmal gut mit Laktobakterien besiedelt sein. Dann tragen die Faserstoffe dazu bei, daß die Laktobakterien ihre Aktivität auf hohem Niveau halten können und nicht absterben müssen.
Eine weitere Nutzwirkung der Faserstoffe besteht darin, daß sie die Werte für die Blutfette senken, entweder für Cholesterin oder die Triglyzeride oder auch für beide zusammen. Erhöhte Cholesterin- oder Triglyzeridwerte im Blut gehören zu den Risikofaktoren bei Herz-Kreislauf-Krankheiten, und alles, was zu einer merklichen Reduzierung dieser Werte beiträgt, gilt als äußerst förderlich für eine gute Gesundheit.
Einige der besten Formen von Faserstoffen sind in gekeimtem Gemüse, Kohl, Karotten und Hirse enthalten, denn diese Lebensmittel enthalten einen relativ hohen Anteil von Faserstoffen mit hoher biologischer Aktivität. Dagegen enthalten Fleisch, Fisch, Geflügel, Eier, Milchprodukte, Weißmehl, weißer Zucker und andere raffinierte Kohlenhydrate praktisch keine Faserstoffe.

Kleie

Kleie wird aus den harten, unverdaulichen Schalen eßbarer Getreidekörner hergestellt. Die Hauptlieferanten für Kleie sind Weizen und Mais. Reis, Roggen, Hafer und

Hirse geben weniger Kleie als diese beiden Getreidesorten. Die Schalen der Gerste sind so dick, daß nur Perlgraupen, bei denen ein Teil der Schale wegpoliert wurde, als Nahrungsmittel auf den Markt kommen. Weizenkleie wird gewöhnlich als besonderes Präparat verkauft. Wer seine Ernährung damit ergänzt, tut das mit der Absicht, die Dickdarmfunktion zu unterstützen.

Obwohl der Verzehr von Kleie für lockere Stühle sorgen kann, bin ich aus mehreren Gründen dagegen, sie als Hauptquelle für Faserstoffe zu benutzen. Mein erster Einwand gegen Kleie beruht darauf, daß die im Handel erhältliche Weizenkleie einen hohen Anteil an einer als Phytin(säure) bezeichneten Substanz enthält. Phytin hat die Eigenschaft, Kalzium und Magnesium aus der Nahrung in einer Form an sich zu binden, die diese Mineralstoffe der Resorption entzieht. Die Anwesenheit von Phytin in Vollkornmehl wurde unter anderem auch für den Kalziummangel verantwortlich gemacht, der sich bei Personen entwickelt, die überwiegend von Vollkornbrot leben. Die Wissenschaft ist der Ansicht, daß Phytin auch die Resorption von Eisen und Zink behindert. Die im Handel befindliche Weizenkleie enthält gewöhnlich über 80 Prozent des im vollen Korn enthaltenen Phytins.

Mein zweiter Einwand gegen Kleie betrifft ihre mukoidbildende Aktivität. Auch wenn Weizenkleie zu einer deutlichen Verminderung des Schleimgehalts im Dickdarm führen kann, geschieht dies nach meinen Beobachtungen auf Kosten einer verstärkten Schleimbildung in anderen Körperteilen.

Der dritte Nachteil von Weizenkleie als Quelle für Faserstoffe besteht darin, daß sie nicht zur Senkung des Cho-

lesterinspiegels beiträgt, wie es viele andere Faserstoffe in Gemüse und Obst tun.
Menschen, die gewöhnlich Kleie oder große Mengen ganzer Getreidekörner verzehren, um Verstopfung zu vermeiden, täten gut daran, diese Gewohnheit aufzugeben. Statt dessen sollten sie erstens reichlich Faserstoffe aus Gemüse und Keimen essen und zweitens für eine gesunde Laktobakterienpopulation im Verdauungstrakt sorgen.
Jede Form von Kleie wird dafür sorgen, daß die Stühle lockerer werden und mit mehr Druck ausgeschieden werden. Ein mäßiger Kleieanteil, wie zum Beispiel in einer ausgewogenen Vollwerternährung, wird normalerweise keine schädlichen Wirkungen haben. Wenn aber die Zufuhr von Kleie in irgendeiner Form notwendig wird, um normalen Stuhlgang zu garantieren, dann sollten besser Maßnahmen zur richtigen Lösung dieses Problems durchgeführt werden.

Negative Ionen

Negative Ionen sind Moleküle mit negativer elektrischer Ladung. Sie können in gasförmigem, flüssigem oder festem Milieu auftreten. Soweit unsere Gesundheit davon betroffen ist, haben wir es in erster Linie mit den negativen Ionen in der Atemluft zu tun.
Ionen in der Luft werden erzeugt von kosmischer Strahlung und dem Gas Radon, die beide in der unteren Atmosphäre überall gegenwärtig sind. Durch ihren Einfluß werden normale Luftmoleküle in Paare aus einem

negativen und einem positiven Ion gespalten. Negative und positive Ionen kommen in der Atmosphäre selten in gleichmäßiger Verteilung vor. Die Luft in der Nähe der Erdoberfläche enthält gewöhnlich etwas mehr positive Ionen, während sie in den höheren Schichten stärker negativ geladen ist. Es kommt zu Blitzen, wenn sich die gesammelte Ladung negativer Ionen in einer Wolke zur Erde hin entlädt. Auf hohen Bergen kann es aber vorkommen, daß negative Ionen in den bodennahen Luftschichten vorherrschen. Stürme und schnellfließendes Wasser wie Wasserfälle und sprudelnde Bergbäche können ebenfalls dafür sorgen, daß sich die Luft in ihrer Nähe negativ auflädt.

Eine wesentliche Rolle der negativen Ionen besteht in ihrer Fähigkeit, Schmutz, Zigarettenrauch, Pollen, Staub, schädliche Bakterien, Viren und andere Schadstoffe aus der Luft zu entfernen. Wenn die Luft mehr negative Ionen als positive enthält, werden die darin schwebenden winzigen Partikel negativ aufgeladen. Dadurch sorgt ihre statische Elektrizität dafür, daß die Partikel sich zu so großen Teilchen zusammenballen, daß sie zu Boden fallen und die Luft dadurch sauberer wird.

Reine Luft einzuatmen ist belebend und erfrischend. Diese Erfahrung mit frischer Luft können wir in der Nähe von Wasserfällen oder unmittelbar nach einem Gewitter machen. Atmen wir solche Luft im Schlaf, schlafen wir tiefer und wachen erfrischter auf.

Wenn die Anzahl der positiven Ionen überwiegt, wird die Luft kaum gereinigt. Luftverschmutzung, elektronische Geräte, Klimaanlagen, Heißluft, fallender Luftdruck und jahreszeitlich bedingte heiße und trockene Winde erzeu-

gen einen Überschuß an positiven Ionen, die der Luft die negativen Ionen entziehen.
Durch Entfernung der Schadstoffe aus der Luft können wir den Betrag an Giftstoffen, den unser Körper aufnimmt, erheblich reduzieren. Die meisten Menschen machen sich nicht klar, wieviel Gift sie durch die Atmung aufnehmen. Wenn eine vollwertige Kost mit geringer Mukoidbildung verzehrt wird, kann verschmutzte Luft ohne weiteres zur Hauptursache für alle schleimbildenden Aktivitäten werden. Ein paar Minuten Tiefatmung an frischer Luft, die durch negative Ionen gereinigt wurde, kann sogar einen Asthma- oder Heuschnupfenanfall lindern oder beenden.

Mukoidbildung als generelles Problem

Mukoidbildung ist ein generelles Problem in unserer modernen Welt. Praktisch jeder von uns hat seit seiner Entwöhnung eine mehr oder weniger stark mukoidbildende Kost gegessen.
Außerdem ist die Luft heutzutage überall mit mukoidbildenden Schadstoffen belastet. Deshalb ist es während Ihres ganzen Lebens zu erhöhter Mukoidbildung in Ihrem Organismus gekommen. Über Jahre hinweg hat sich stagnierendes mukoides Material in Ihrem Körper angesammelt, das Ihnen auf verschiedene Weise immer wieder und zunehmend größere Beschwerden gemacht hat. Selbst Menschen, die davon überzeugt sind, daß sie sich jetzt gesund ernähren, werden immer noch große Mengen mukoiden Materials in sich herumtragen, solange

keine ernsthaften Schritte zu seiner Ausscheidung unternommen werden.
Das in diesem Buch vorgestellte Reinigungsprogramm zeigt Ihnen den ersten Schritt, wie Sie Ihren Körper von dem angesammelten mukoiden Material befreien können. Obwohl es überall in Ihrem Körper zu solchen Ablagerungen gekommen ist, befinden sich die größten Mengen davon im Dickdarm. Weil Stagnation im Kolon schließlich zu einem Rückstau in der Lymphe und in anderen Körpergeweben führt, ist die Dickdarmreinigung der erste Schritt gegen den mukoiden Zustand Ihres Organismus. Es dürfte wohl kaum eine Krankheit geben, bei deren Abwehr Ihr Körper nicht von einer Reinigung des Verdauungs- und des Lymphsystems profitieren könnte. In diesem Buch finden Sie genaue Anweisungen, die zu ihrer Durchführung täglich nur ein paar Minuten brauchen. Ein Gramm Vorbeugung ist soviel wert wie ein Pfund Behandlung. Machen Sie diesen kleinen Schritt, um Ihren Körper auf lange Sicht vor Krankheiten und Leiden zu schützen, und führen Sie das ganze Reinigungsprogramm für Lymph- und Verdauungssystem durch!

4 Mukoaktive Heilpflanzen

Mukoaktive Kräuter sind Heilpflanzen, die zur Beeinflussung von mukoiden Substanzen im Körper genutzt werden können. Unter einer Droge (Arznei) versteht man sachgerecht aufbereitetes (pflanzliches) Material mit signifikanten arzneilichen Wirkungen, wenn sie eingenommen oder auf andere Weise am Körper zur Anwendung kommt, und zwar in so geringen Mengen, daß man sie nicht als Nahrung betrachten kann. Ein Agens (wirksames Prinzip/Wirkstoff) ist derjenige Bestandteil einer Heilpflanze, eines Lebensmittels oder irgendeiner sonstigen Substanz, der einen Einfluß auf die Gesundheit ausübt, wie er einer besonderen Kategorie von Drogen gemeinsamen ist. So ist zum Beispiel ein antimukoides Agens jede Art von Mittel, dessen Wirksamkeit derjenigen einer antimukoiden Heilpflanze entspricht.
Daraus ergibt sich, daß die Verwendung von pflanzlichen Drogen zur Reinigung von Dickdarm und Lymphe eine praktische Anwendung mukoaktiver Heilpflanzenkunde (Phytotherapie) ist. Es gibt eine Vielzahl von mukoaktiven Heilpflanzen, und das Gebiet der mukoaktiven Arzneikunde ist zu umfangreich für eine vollständige Untersuchung an dieser Stelle. Ich will aber versuchen, dieses interessante Thema in ausreichendem Umfang darzustellen, um dem Leser ein Verständnis von der Wirkung verschiedener Drogen bei der Reinigung von Verdauungs- und Lymphsystem zu ermöglichen. Unter den zahl-

reichen verschiedenen Arten von Mukoaktivität wollen wir hier die mukotriptische, desobstruierende, lymphreinigende, mukosynergistische, mukoaggressive, mukokorrektive und antimukoide besprechen.

Mukotriptische Kräuter

Mukotriptische Kräuter bewirken die Lockerung, Aufweichung oder Auflösung von verhärtetem, stagnierendem oder zusammengepreßtem mukoidem Material im Körper. Mukoides Material umfaßt eine Anzahl chemisch unterschiedlicher Substanzen. Der Begriff »mukotriptische Kräuter« bezeichnet deshalb ein breites Spektrum von Heilpflanzen, weil nicht jede davon auf jede Form von mukoidem Material einwirken wird. Es gibt mukotriptische Kräuter mit breiter Wirkung, welche die meisten Arten von Mukoiden beeinflussen können, sowie andere mit spezifischen Wirkungen auf bestimmte Zustände oder Körperteile. Bei der Reinigung des Verdauungstraktes sind mukotriptische Drogen mit einer spezifischen Wirkung von Nutzen, um in diesem Bereich große Mengen von verhärtetem mukoidem Material zu entfernen. Gleichzeitig sollten diese Mittel diejenigen Probleme verhindern, die dann auftreten, wenn gleichzeitig beträchtliche Mengen von mukoidem Material im ganzen Körper aufgelöst werden.
Während sich mukoides Material in jedem Körperteil ansammeln kann, sind die drei Bereiche, wo es am meisten zu solchen Ansammlungen kommt, der Verdauungstrakt, das Lymphsystem und die Gelenke. Alle drei sind

primäre Orte der Mukoidbildung. Die innere Schicht der Gelenkkapseln besteht aus Zellen, deren Aufgabe es ist, einen klaren und gleitfähigen Schleim zu bilden, der die Gelenke »schmieren« soll. Unter dem Einfluß mukoidbildender Substanzen sondern diese Zellen aber einen klebrigen, toxischen Schleim ab, der im betreffenden Gelenk störende Ablagerungen bildet.

Mukotriptische Arzneien, die auf das mukoide Material im Verdauungstrakt einwirken, werden desobstruierend (Verstopfung beseitigend, entblockend) genannt. Mukotriptische Mittel, die auf das Lymphsystem einwirken, heißen Lymphreiniger. Die Bürstenmassage der Haut ist der wirkungsvollste Lymphreiniger, den ich kenne. Obwohl es viele lymphreinigende Drogen gibt, ist ihre Wirkung im Vergleich zur Bürstenmassage im allgemeinen schwach.

Zu den Pflanzen bzw. Lebensmitteln mit mukotriptischen Wirkstoffen (Agenzien) gehören die folgenden:

- Aloe,
- Augentrost,
- Balsampappelknospen (»Balm of Gilead Buds«),
- Berberitze (Myrica cerifera),
- Brennesseln,
- Echter Alant (Inula helenium),
- Eis(berg)salat (zu benutzen oder zu trocknen, bevor sich Milchsaft oder betäubende Eigenschaften zeigen),
- Gartenraute,
- Gelbe Ampferwurzel (Rumex crispus),
- Gummi arabicum (Gummiharz aus Akazienarten),

- Haferstroh,
- Irisches Moos,
- Jojobaöl,
- Maisfasern,
- (Kanadische) Orange- oder Gelbwurz(el) (Hydrastis canadensis),
- Olivenöl,
- Rosmarin,
- Rotkleeblüten,
- Schnittlauch,
- Spaghettikürbis,
- Spirulina (Plankton),
- Spitzwegerich,
- Tomaten,
- Veilchenblätter,
- Vogelmiere,
- Wachsmyrtenrinde (Amerikanische W.),
- Weintrauben,
- Weiße Zaunrübenwurzel (Bryonia alba),
- Zucchini.

Fast alle davon wirken auch desobstruierend:

- Aloe,
- Berberitze,
- Eis(berg)salat (zu benutzen oder zu trocknen, bevor sich Milchsaft oder betäubende Eigenschaften zeigen),
- Gelbe Ampferwurzel,
- Gummi arabicum (Gummiharz aus Akazienarten),
- Irisches Moos,

- Maisfasern,
- (Kanadische) Orange- oder Gelbwurz(el) (Hydrastis canadensis),
- Olivenöl,
- Rosmarin,
- Rotkleeblüten,
- Schnittlauch,
- Spirulina (Plankton),
- Spitzwegerich,
- Vogelmiere,
- Wachsmyrtenrinde (Amerikanische W.),
- Weintrauben,
- Weiße Zaunrübenwurzel (Bryonia alba),
- Zucchini.

Synergie

Unter Synergie versteht man das Zusammenwirken von zwei oder mehr Wirkstoffen, deren Gesamtwirkung größer als die Summe der Einzelwirkungen ist. Mukotriptische Synergie oder Mukosynergie bezeichnet ein solches Zusammenwirken von mukotriptischen Wirkstoffen; sie ist von entscheidender Bedeutung bei der Reinigung des Verdauungstrakts mit Hilfe von Heilpflanzen. Mir ist keine Heilpflanze bekannt, die für sich allein den Verdauungstrakt vollständig reinigt, auch wenn man sie noch so lange benutzt. In Wirklichkeit zeigen sich die desobstruierenden Eigenschaften von einigen der oben aufgelisteten Mittel erst, wenn diese als Bestandteil einer mukosynergistischen Kombination verwendet werden.

Aus der Tatsache, daß Ablagerungen von Mukoiden sich aus zahlreichen unterschiedlichen Substanzen zusammensetzen, läßt sich auch das Phänomen der Mukosynergie erklären. Nehmen wir einmal an, ein verhärtetes Material besteht aus einer als A bezeichneten Gruppe von Substanzen und einer Gruppe B. Dann wird eine Mischung aus einem starken Lösungsmittel für Gruppe A (aber nicht B) und einem solchen Mittel für Gruppe B (aber nicht A) eine stärkere Lösungswirkung auf das verhärtete Material ausüben als die Summe der Wirkungen bei getrennter Benutzung der beiden Mittel.
Ein multisynergistisches Arzneimittel wird synergistische Kombinationen mit vielen anderen Drogen bilden. Die wichtigste Heilpflanze dieser Art ist die Lobelie, deren Heilwirkungen schon seit langem bekannt sind. Die moderne Phytotherapie hat jedoch Dr. J. Christopher für seine unermüdliche Arbeit zu danken, durch welche die synergistische Bedeutung der Lobelie breite Anerkennung fand. An dieser Stelle möchte ich den Spitzwegerich (Plantago major oder Plantago lanceolata) als zweitwichtigste multisynergistische Heilpflanze vorstellen, denn er kann die Aktivität vieler verschiedener mukotriptischer Drogen verstärken. Bei alleiniger Verwendung sind die mukotriptischen Eigenschaften des Spitzwegerichs signifikant, aber nicht außergewöhnlich. Doch in Kombination mit anderen Heilpflanzen kann er eine gute Rezeptur in eine ausgezeichnete verwandeln.

Reinigung der Lymphe

Lymphsäubernde Mittel verringern die Menge des mukoiden Materials im Lymphsystem. Dies wird gewöhnlich durch Verdünnung der mukoiden Substanzen in der Lymphe erreicht, so daß diese leichter in den Dickdarm abfließen können. Die Anregung der Muskeln, welche die Lymphflüssigkeit durch die Lymphgefäße pumpen, hat ebenfalls lymphsäubernde Wirkungen.
Die meisten lymphsäubernden Kräuter zeigen keine antimukoide Wirksamkeit. Der Unterschied zwischen einer antimukoiden und einer lymphsäubernden Droge besteht darin, daß erstere vor der Bildung von mukoidem Material in Aktion tritt und letztere danach. Ein antimukoides Mittel beseitigt die mukoidbildenden Substanzen, bevor sich Mukoide bilden, während ein lymphsäuberndes Mittel das mukoide Material aus der Lymphe entfernt, nachdem es bereits entstanden ist. Ein lymphsäuberndes Mittel wird den Mukoidgehalt des Stuhls nicht verringern, wenn es selbst keine antimukoiden Eigenschaften besitzt. Zahlreiche antimukoide Arzneimittel wirken ebenfalls lymphsäubernd.
Mit der »Säuberung der Lymphe« und der »Reinigung des Lymphsystems« werden zwei verschiedene Prozesse bezeichnet. Im ersten Fall bedeutet Säuberung die Entfernung von Verunreinigungen (zum Beispiel aus einer Lösung). Reinigung im zweiten Fall bedeutet dagegen das Zerkleinern, Auflösen und Ausschwemmen von verhärtetem Material. Reinigung des Lymphsystems bedeutet, das verhärtete, abgelagerte und zusammengepreßte Material zu lösen und zu entfernen sowie alle Lymphge-

webe von Entzündungen zu befreien. Dazu braucht man gewöhnlich mehrere Monate. Säuberung der Lymphe bedeutet dagegen, für die wäßrige Konsistenz der Lymphflüssigkeit (anstelle einer mukoiden Konsistenz) zu sorgen. Das läßt sich oft in ein paar Stunden bewerkstelligen.

Der Unterschied zwischen einem Mittel zur Lymphsäuberung und einem zur Lymphreinigung läßt sich vergleichen mit dem Unterschied zwischen einem Verdünner und einem Entferner von Farbstoffen. Ein Verdünner wirkt auf die frische Farbe, während ein Entferner trokkene, verkrustete Farbreste auflöst. Weil Lymphreinigung der gründlichere Vorgang ist, haben lymphreinigende Mittel wie die Bürstenmassage ebenfalls einen lymphsäubernden Effekt, während umgekehrt die (weniger aktiven) lymphsäubernden Mittel im allgemeinen keine lymphreinigende Wirkung aufweisen.

Der Reinheitsgrad der Lymphe ist ständigen Schwankungen ausgesetzt und kann sich schon nach einer einzigen Mahlzeit deutlich ändern. Selbst nach einer Reinigung des gesamten Lymphsystems sollte für die Sauberkeit der Lymphflüssigkeit gesorgt werden, weil ständig Abfallstoffe aus den Körperzellen in die Lymphe gelangen. Den Dickdarm frei und sauber zu halten ist ein wichtiger Schritt zur Sauberhaltung der Lymphe, weil dadurch mukoides Material leichter aus der Lymphe in den Darm abfließen kann.

Die meisten lymphsäubernden Mittel erhöhen die Toxizität des Blutes. Das liegt daran, daß die meisten dieser Mittel die mukoiden Substanzen in der Lymphe verdünnen, so daß sie schneller in den Dickdarm gelangen.

Dabei werden jedoch einige der im Lymphschleim gebundenen Giftstoffe freigesetzt und gelangen in die Lymphe, die dann in den Blutkreislauf einmündet und sich mit dem Blut vereinigt. Lymphsäubernde Mittel mit diesen Eigenschaften werden am besten mit einer geeigneten Menge an blutsäubernden Kräutern kombiniert, so daß gleichzeitig auch das Blut gesäubert wird, anstatt toxischer zu werden.

Zu den Pflanzen mit lymphsäubernder Wirkung gehören die folgenden:

- Aloe,
- Bärentraube (Arctostaphylos uva-ursi),
- Balsampappelknospen,
- Blasentang,
- Blutwurz (Tormentill),
- Chaparral (immergrünes Eichengebüsch [Croton crymbulosus]),
- Chia Seeds (Samen der Salbeiart Salvia columbariae),
- Eis(berg)salat (hochwirksam; zu benutzen oder zu trocknen, bevor sich Milchsaft oder betäubende Eigenschaften zeigen),
- Gemeine Quecke,
- Gummi arabicum,
- Haferstroh,
- Hefe,
- Irisches Moos,
- Kiefernnadelöl (in kleinen Mengen),
- Kohl,
- Lobelie,

- Mahonienwurzel (Mahonia aquifolium, eine Berberitzenart),
- Pfeilwurzel (Ku[d]zu),
- Rotkleeblüten,
- Salbei,
- Sumach(baum)rinde/Färberbaumrinde (hochwirksam),
- Thymian,
- Wachsmyrtenrinde (hochwirksam),
- Weiße Zaunrübenwurzel,
- Weizengras,
- Wildkirschenrinde (amerikanische Traubenkirsche [Prunus virginiana]),
- Zitronenmelisse.

Alle diese Pflanzen erhöhen die Toxizität des Blutes, außer: Bärentraube, Balsampappelknospen, Chaparral, Eissalat, Gemeine Quecke, Gummi arabicum, Kohl, Mahonienwurzel und Zitronenmelisse.

Dynamik des Arzneimittelgebrauchs

Während der letzten Jahrzehnte wurde die medizinische Praxis von allopathischen Heilverfahren beherrscht. Unter Allopathie versteht man Behandlungsmethoden mit Medikamenten, deren Aktivität den Auswirkungen der behandelten Krankheit direkt entgegengesetzt ist (bei der Homöopathie hingegen wird »Ähnliches mit Ähnlichem» geheilt). So besteht zum Beispiel eine allopathische Vorgehensweise darin, Schmerzmittel gegen

Schmerzen oder fiebersenkende Mittel gegen Fieber zu geben und ein hochgradig geschädigtes Organ chirurgisch zu entfernen.

Heutzutage wächst das Interesse an Alternativen zu allopathischen Behandlungsmethoden. Heilpflanzen und andere Methoden der Naturheilkunde finden zunehmende Beachtung.

Obwohl es auch möglich ist, natürliche Heilmittel in allopathischer Manier zur symptomatischen Behandlung einzusetzen, wirkt die Mehrzahl natürlicher Heilmittel anders als die Mehrzahl pharmazeutischer Medikamente. Die hauptsächliche Wirkungsweise der meisten modernen Medikamente besteht in irgendeiner Art von unterdrückender Aktivität, die den sich manifestierenden Symptomen direkt entgegenwirkt, indem sie bestimmte Körperfunktionen hemmt. Obwohl es auch Naturheilmittel gibt, die auf diese Weise wirken, besitzen andererseits fast alle natürlichen Mittel eine Wirkungsweise, die in irgendeiner Art toxische Substanzen bewegt oder beeinflußt. Fast bei jeder Krankheit findet sich in der Kette der ursächlichen Faktoren irgendwo ein Punkt, an dem toxische Substanzen die normalen Körperfunktionen beeinträchtigen. Wenn wir uns an die Natur um Hilfe wenden, gibt sie uns in ihrer Weisheit meistens etwas in die Hand, das auf die toxischen Substanzen einwirkt, die an der Quelle des Übels liegen. Daher verfügen die meisten Heilpflanzen über mindestens einen Wirkungsmechanismus, der in irgendeiner Weise für die Beseitigung von toxischen Substanzen im Körper sorgt.

Wenn Giftstoffe bei den Reinigungsvorgängen im Körper in Bewegung geraten, kann es vorübergehend zu Reaktionen auf die Neuverteilung der Toxine im Organismus kommen. Das äußert sich in einer Vielzahl von verschiedenen Symptomen, die als Reinigungsreaktionen (oder -krisen) bezeichnet werden. Ein Arzneimittel mit der Eigenschaft, solche Reaktionen hervorzurufen, wird als aggressives reinigendes Mittel bezeichnet. Beispiele für Reinigungsreaktionen sind Hautausschläge, Schwindel, Schlafstörungen, Juckreiz, nervöse Unruhe und die Verschlimmerung bestehender Symptome.

Während Reinigungskrisen in mancherlei Formen auftreten können, ist die Zahl der zugrundeliegenden Mechanismen relativ gering: Blutaggressive Arzneimittel erhöhen die Toxizität des Blutes, und lymphaggressive Mittel diejenige der Lymphe. Da gebundene Giftstoffe gelöst werden, werden sie vom Blut oder der Lymphe aufgenommen, die sie dann zu den Ausscheidungsorganen – Leber, Nieren, Lungen, Darm und Haut(poren) – transportieren, um von dort aus dem Körper entfernt zu werden. Zu Reinigungsreaktionen kommt es dann, wenn mehr Giftstoffe in Blut oder Lymphe gelangen, als von den Ausscheidungsorganen sofort beseitigt werden können.

Eine andere Art von Reinigungsreaktion zeigt sich bei einer mukoaggressiven Wirkung. Eine Heilpflanze, die eine solche Reaktion hervorrufen kann, wird mukoaggressiv genannt. Mukoaggressive Mittel sind meistens mukotriptische Wirkstoffe, die das verhärtete oder zusammengepreßte mukoide Material lockern, ohne es von seinem Platz im Körper zu entfernen. Im Verlauf solcher Aufweichungsvorgänge schwillt dieses Material mit Wasser an. Dies kann im Gewebe einen Druck erzeugen, der als tatsächliche Störung empfunden wird. Mukoaggressive Reaktionen äußern sich als Schmerzen, als Steifheit, als Schwellungen in Gelenken und Muskeln oder als stechendes Gefühl in den Körpergeweben. Von den mukotriptischen Mitteln in diesem Kapitel haben die meisten auch mukoaggressive Eigenschaften. Meines Wissens sind nur die folgenden (mukotriptischen) Heilpflanzen frei von mukoaggressiver Aktivität:

- Eissalat,
- Gelbe Ampferwurzel,
- Maisfäden,
- Spitzwegerich,
- Weiße Zaunrübenwurzel.

Die Reinigungsreaktion, zu der es bei desobstruierenden Mitteln kommt, ist verstopfter und unregelmäßiger Stuhlgang. Wenn verhärtetes mukoides Material im Verdauungstrakt aufgelöst wird, absorbiert es wieder Wasser und wird aufs neue klebrig. Wenn sich dieses klebrige mukoide Material mit dem normalen Darminhalt vermischt, führt das zu längeren Passagezeiten, die ihrerseits, wie in Kapitel 1 erklärt, verstopfteren und unregelmäßigeren Stuhlgang hervorrufen.

Eine weitere Reinigungsreaktion sind Blähungen oder Gasbildung (Flatulenz, Meteorismus). Wie in Kapitel 2 ausgeführt wurde, gehört es zu den Funktionen der Verdauungssäfte, die Gasbildung im Verdauungssystem zu verhindern. Die Sekrete der Leber und der Gallenblase fließen durch den sogenannten galleführenden Gang (Ductus choledochus) in den Zwölffingerdarm. Wenn die Leber bei ihrer Reinigungs- und Entgiftungstätigkeit zähflüssige, schlammige Substanzen ausscheidet, kann dies zur Verstopfung des galleführenden Ganges führen. Dadurch wird der Fluß der Verdauungssäfte in den Darm verhindert, und es kann zu verstärkter Gasbildung kommen.

Vermeidung von Reinigungsreaktionen

Nach weitverbreiteter Auffassung stellen Reinigungsreaktionen eine notwendige Folge von Reinigungsmaßnahmen im Körper dar und lassen sich auf längere Sicht nicht verhindern, wenn es zu einer echten Reinigung kommen soll.

Meine entscheidende Botschaft, die für all meine Kräuter- und Ernährungsprogramme gilt, besteht in der Aussage, daß die eben erwähnte Auffassung ausdrücklich verkehrt ist. Um Reinigungsreaktionen zu kontrollieren, muß man nur genau wissen, wie die Reinigungsvorgänge im Körper funktionieren, und man sollte sich bei der Zusammenstellung solcher Programme an zwei einfache Regeln halten. Jedes meiner Gesundheitsprogramme zeichnet sich dadurch aus, daß es zu guten Ergebnissen führt, ohne daß es dabei zu Reinigungskrisen kommt, außer in seltenen Fällen zu unbedeutenden, unregelmäßigen und leichten Reaktionen. Reinigungsreaktionen lassen sich verhindern, wenn man sich an die folgenden beiden Regeln hält:

- Umfang und Geschwindigkeit der Reinigung sollten in beherrschbaren Grenzen gehalten werden.
- Die aggressiven Eigenschaften reinigender Wirkstoffe müssen durch geeignete aggressionshemmende Gegenmittel ausgeglichen werden.

Blutsäubernde Arzneimittel erhöhen das Maß, in dem Giftstoffe aus dem Blut entfernt werden. Lymphsäubernde Mittel erhöhen das Maß, in dem Giftstoffe aus der Lymphe entfernt werden. Unter der Voraussetzung, daß man ihre Dosierung in beherrschbaren Grenzen hält, können blutaggressive und lymphaggressive Mittel eingesetzt werden, ohne die Toxizität des Blutes oder der Lymphe zu erhöhen, indem man sie mit geeigneten Mengen an blutsäubernden und lymphsäubernden Mitteln kombiniert. Man sollte dabei jedoch beachten, daß ein bestimmtes Höchstmaß an Blut- und Lymphsäuberung nicht überschritten werden darf; das hat zur Folge, daß es auch bei den blut- und lymphsäubernden Aktivitäten ein entsprechendes Höchstmaß gibt, das durch Gegenmaßnahmen ausgeglichen werden kann.
Mukokorrektive Mittel wirken mukoaggressiven Reaktionen entgegen, indem sie aufgeweichtes mukoides Material aus einem begrenzten Bereich ausschwemmen. Sie verfügen im allgemeinen nicht über die wirksame mukotriptische Aktivität, die zur Auflösung von verhärtetem mukoidem Material notwendig ist, aber sie ergänzen diese Art von Aktivität, indem sie die mukoiden Substanzen

nach ihrer Auflösung entfernen. Die dadurch entfernten Stoffe werden in erster Linie in Form von Gallenflüssigkeit durch die Leber ausgeschieden. Die Anwendung mukokorrektiver Mittel erhöht deshalb den Gallenfluß. Weil es bei der Gallenproduktion eine Toleranzgrenze gibt, bestehen entsprechende Grenzen bei der Verwendung mukokorrektiver Mittel und auch Grenzen in der ausgleichenden Wirkung gegen mukoaggressive Aktivität.
Einige der mukokorrektiven Kräuter sind die folgenden:

- Enzianwurzel,
- Kardobenediktenkraut (Benediktendistel [Cnicus benedictus]),
- Löwenzahnwurzel,
- Rosmarin.

Karminative (blähungstreibende) Drogen lindern die Gasbildung im Verdauungstrakt. Sie erreichen das dadurch, daß sie den galleführenden Gang von den Ablagerungen befreien, die den Fluß der Verdauungssekrete in den Darm behindern. Deshalb sollte ein ausreichender Anteil von karminativen Wirkstoffen in jeder Kräuterrezeptur enthalten sein, da es sonst zur Gasbildung kommen kann.
An dieser Stelle wollen wir nicht erörtern, wie man mit der Möglichkeit umzugehen hat, daß desobstruierende Mittel verstopfen und unregelmäßigen Stuhlgang hervorrufen. Diese Frage werden wir später behandeln, wenn wir die praktische Durchführung des Reinigungsprogramms ausführlich erklären. Die Aufgabe, das Ausmaß

der Reinigung in beherrschbaren Grenzen zu halten, erfordert eine sorgfältige Auswahl der benutzten Drogen. So bietet zum Beispiel die umfangreiche Liste der mukotriptischen Heilpflanzen eine große Auswahl. Die Liste der lymph- und blutsäubernden Mittel ist ebenfalls lang. Wenn man eine Kräutermischung entwickelt, sind stets viele mögliche Kombinationen zu berücksichtigen.
Bei manchen Methoden der Arzneimischung ist es üblich, die stärksten der bekannten Mittel mit den gewünschten Eigenschaften zu kombinieren. Dies führt oft zu aggressiveren Reinigungswirkungen, als durch hemmende Gegenmittel ausgeglichen werden können. Es ist dann nicht überraschend, daß die Person, die eine derartige Rezeptur benutzt, zu dem Schluß kommt, daß Reinigungskrisen unvermeidlich sind. In der Tat scheint eine solche Auffassung dazu zu führen, daß die betroffene Person die Wirkkräfte einer Arznei eher an ihrer aggressiven reinigenden Aktivität mißt als durch die sorgfältigere und schwierigere Bewertung ihres gesundheitlichen Wertes. Aus einer derartigen Einstellung entsteht die Gewohnheit, hochgradig aggressive Drogen auszuwählen, selbst wenn das gewünschte Resultat sich besser mit weniger aggressiven Mitteln erreichen ließe.
Bei der Zusammenstellung der Kräuter für mein Reinigungsprogramm habe ich mehrere wichtige Maßnahmen ergriffen, die zu höchst wirkungsvollen Ergebnissen mit geringer Tendenz zu Reinigungsreaktionen geführt haben:

- Ich habe hochgradig aggressive Drogen vermieden.
- Die verwendeten mukotriptischen Drogen zeichnen

sich soweit wie möglich durch spezifische Wirkungen auf den Verdauungstrakt aus. Dadurch erreicht man ein gutes Maß an Reinigungswirkung im Verdauungstrakt, während gleichzeitig das Ausmaß der Reinigungswirkungen auf andere Körperbereiche gering gehalten wird.
- Ich habe sehr viel Mühe darauf verwandt, mukosynergistische Kombinationen zu finden, durch welche die reinigende Aktivität der Rezeptur verbessert wird. Dabei bin ich zu positiven Ergebnissen gelangt, denn es gelang, die erwünschte Aktivität zu erhöhen, ohne daß es praktisch zu einer Steigerung der mukoaggressiven Wirkungen kam.
- Die mäßige aggressive Reinigungsaktivität, die sonst noch zurückgeblieben wäre, wurde durch geeignete aggressionshemmende Mittel ausgeglichen.

Blutsäubernde Mittel

Ich benutze den Begriff »blutsäubernd« in einem enger definierten Sinne als die meisten Schriften zur Kräuterkunde. Blutsäubernd ist für mich ein Wirkstoff, welcher der blutaggressiven Aktivität entgegenwirkt, indem er den Abtransport von Abfallstoffen (wie Harnsäure) aus dem Blut fördert. Zu den blutsäubernden Pflanzen gehören:

- Ackerhahnenfuß (Ranunculus arvensis),
- Balsampappelknospen,
- Birkenrinde,

- Blaue Schwertlilie (Wurzel),
- Chaparral (immergrünes Eichengebüsch [Croton crymbolosus]),
- Eis(berg)salat (zu benutzen oder zu trocknen, bevor sich Milchsaft oder betäubende Eigenschaften zeigen),
- Enzianwurzel,
- Gelbe Ampferwurzel,
- Gemeine Quecke,
- Grauer Walnußbaum (Rinde),
- Große Klette (Wurzel, [Arctium lappa]),
- Kohl,
- Knoblauch,
- Mahonienwurzel,
- Rosmarin,
- Sonnenhutwurzel (Echinacea).

Davon sind die folgenden auch lymphaggressiv:

- Enzianwurzel,
- Große Klette (Wurzel),
- Knoblauch.

In der Geschichte der Kräutermedizin gab es eine Anzahl von Wirkungsweisen, die man der Blutreinigung zugeschrieben hat. So war man beispielsweise der Ansicht, daß Hautausschläge durch einen erhöhten Giftstoffanteil im Blut verursacht werden, wenn diese Giftstoffe durch die Haut ausgeschieden werden sollen.
Deshalb klassifizierte man Arzneimittel, die bei Hautausschlägen heilend wirken, als blutsäubernd. Natürlich wer-

den Hautausschläge durch erhöhte Toxizität verursacht, aber diese Toxine stammen nicht unbedingt aus dem Blut. Bis auf den heutigen Tag gibt es immer noch Autoren, die im Zusammenhang mit dem Kreislauf Blut nicht von Lymphe unterscheiden und bei denen oft genug Symptome einer toxischen Lymphe als Symptome toxischen Blutes bezeichnet werden. In Verbindung mit dieser gängigen Praxis werden auch Drogen mit günstiger Wirkung auf die Lymphknoten als blutsäubernd bezeichnet.

Schließlich gibt es da noch die Vorstellung von den alterierenden (umstimmenden, blutreinigenden) Mitteln: Diese verbessern allmählich das Gesamtbefinden und stellen die normalen Körperfunktionen wieder her, und man schreibt dies ihren blutreinigenden Wirkungen zu. Um diese Leistung zu vollbringen, müßten sie den ganzen Körper reinigen und besser als »Körperreiniger« bezeichnet werden. Trotzdem werden die Begriffe »alterierend« und »blutsäubernd« oft als synonym betrachtet. Mukotriptische Drogen haben im allgemeinen gute blutsäubernde Wirkungen, und so gelten viele davon als alternativ oder blutsäubernd.

Was hindert Sie noch?

Ein Hinderungsgrund für die generelle Akzeptanz von Heilkräutern und anderen Verfahren der Naturheilkunde war die Tatsache, daß sie allzuoft Heilkrisen auslösten. Dies hat viele Menschen dazu gebracht, sich von den Heilmitteln der Natur abzuwenden und sich statt dessen solcher Behandlungsmethoden zu bedienen, welche nur die Symptome unterdrücken, ohne die Ursachen zu beseitigen. Professionelle Heiler auf dem Gebiet der Naturheilkunde haben weitgehend vor der Herausforderung versagt, ihre Kunst auszuüben, ohne ihren Patienten Reinigungskrisen zuzumuten. Oft vertraten sie die Einstellung, es sei ein Naturgesetz, daß der Patient bei Anwendung natürlicher Heilverfahren mit einer Verschlimmerung seiner Beschwerden zu rechnen hätte, bevor es ihm besserginge. Dies geschah in der Absicht, die Patienten darauf vorzubereiten, daß sie die zu erwartenden Reinigungskrisen einfach durchzustehen hätten. Auch wenn sich vielleicht ein paar Leute darauf einließen, wirkte diese Einstellung auf die Mehrzahl der Patienten jedoch eher entmutigend. Was die Menschen brauchen, ist natürliche Gesundheitsfürsorge ohne ernsthafte Reinigungskrisen, und diese Möglichkeit steht Ihnen durch das hier beschriebene Programm zur Verfügung.

Alle Naturheiler stimmen fast ausnahmslos darin überein, daß die meisten Krankheiten mit einem toxischen Dickdarm beginnen und die Reinigung des Dickdarms den ersten und wichtigsten Schritt zu besserer Gesundheit bildet. Mit der in diesem Buch vorgestellten Methode der Kolon-Sanierung können alle Menschen, die ihre Gesundheit in eigener Verantwortung pflegen wollen, ihren langen Marsch zu neuem Wohlbefinden ohne Zögern beginnen. Alle können sich nun die Absicht der Natur zunutze machen und ihre leiblich-seelische Ganzheit verwirklichen, deren Grundlage die richtige Pflege des Dickdarms ist.

5 Die praktische Durchführung des Reinigungsprogramms

Wirkungen eines effektiven Dickdarm-Reinigungsprogramms

Ein Dickdarm-Reinigungsprogramm muß drei Funktionen erfüllen, um alles stagnierende Material aus dem Kolon zu entfernen. Es sollte erstens die laufende Produktion von mukoidem Material im Verdauungstrakt stoppen oder reduzieren, zweitens das stagnierende Material lösen und drittens das gelöste Material entfernen. Diese drei Aufgaben wollen wir der Reihe nach untersuchen.

Kontrolle der Mukoidbildung

Der Umfang, in dem die laufende Produkton von mukoidem Material reduziert werden muß, hängt von der Wirksamkeit des Mittels ab, das zur Auflösung des alten, verhärteten mukoiden Materials an den Darmwänden benutzt wird. Der feuchte Darminhalt kann nur eine begrenzte Menge mukoiden Materials in Lösung halten. Wenn alle mukoidlösenden Wirkungen eines Dickdarm-Reinigungsmittels durch frisch gebildete mukoide Materialien aufgebraucht werden, dann bleibt nichts für die Auflösung der verhärteten mukoiden Substanzen übrig.

In diesem Fall wird nur verhindert, daß neue Ablagerungen entstehen. Wenn die laufende Mukoidbildung etwas geringer ist, dann bleibt noch ein kleiner Überschuß an mukoidlösender Aktivität übrig, der auf die verhärteten Ablagerungen einwirken kann. Dann wird die Darmreinigung voranschreiten, aber in sehr langsamem Tempo. Wenn die laufende Mukoidbildung zum Erliegen kommt, dann wird sich die gesamte verfügbare mukoidlösende Aktivität auf das stagnierende Material richten, und die Darmreinigung wird die größten Fortschritte machen.

Die meisten ernsthaften Dickdarm-Reinigungsprogramme verlangen entweder Fasten oder die Einhaltung einer von Mukoidbildung völlig freien Kost aus Gemüse, Früchten und manchmal Sprossen. Das bewirkt natürlich das Anhalten der Mukoidbildung im Magen-Darm-Trakt.

Das hier vorgestellte Darmreinigungsprogramm verwendet eine Kombination aus Laktobakteriennahrung (in den verwendeten Präparaten enthalten), zusätzlicher Laktobakterienzufuhr (wenn nötig) sowie der Reduktion der mukoidbildenden Nahrungszufuhr in dem Maße, wie es erforderlich ist, um die Mukoidbildung im Darm unter Kontrolle zu halten. Auf diese Weise wird versucht, das Ziel nicht allein durch Nahrungsverbote zu erreichen. Zusätzlich wurde die Bedeutung des Stoffwechselumsatzes im Zusammenhang mit der Mukoidbildung erklärt und eine einfache Methode vorgestellt, um den eigenen relativen Stoffwechselumsatz zu messen. Das hier angewandte Verfahren ist so wirkungsvoll, daß in den meisten Fällen eine ziemlich mukoidbildende Kost verzehrt werden kann und die innere Reinigung dennoch Fortschritte macht. Wenn einmal verstanden wurde, wie durch ein Übergewicht mukoidbildender Einflüsse und durch einen niedrigen Stoffwechselumsatz die Reinigungsvorgänge verlangsamt werden, ist die Kostwahl letztlich ins persönliche Ermessen derjenigen gestellt, die aus diesem Programm Nutzen ziehen möchten.

Lösung des stagnierenden Materials

In Kapitel 4 haben wir die Nützlichkeit mukotriptischer Heilpflanzen für die Auflösung stagnierenden Materials im Kolon besprochen. An dieser Stelle möchte ich drei andere Mittel vorstellen, die ebenfalls zu diesem Zweck benutzt werden, aber vorher nicht erwähnt wurden: Ton(erde), Bimsstein und Bentonit (ein quellfähiges Tonmineral). Bentonit und Bimsstein sind besondere Formen von Vulkanasche, die aber im deutschsprachigen Raum nicht zur Anwendung kommen. Diese drei Mineralien zeigen recht gute Wirkungen bei der Auflösung von stagnierendem Material. Ihre Wirkungsweise ist jedoch ganz verschieden von derjenigen meiner Kräutermischung. Diese löst verhärtetes mukoides Material schichtweise auf. Das aufgelöste Material quillt dann mit Wasser auf sein ursprüngliches Volumen auf und wird als weiche Masse ausgeschieden. Bentonit, Bimsstein und Tonerde entfernen das verhärtete mukoide Material von den Dickdarmwänden, ohne es aufzulösen, zu befeuchten oder aufzuweichen. Manchmal werden durch diese drei Mineralien große Klumpen oder Streifen freigesetzt, die so hart wie Gummi von Autoreifen sind und den Transport frischer Exkremente behindern können. Weil der Dickdarm nicht dafür angelegt ist, harte, gummiartige Substanzen zu transportieren, sondern weiche, feuchte und leicht formbare, sollte man langsam und vorsichtig vorgehen, wenn man Bentonit, Bimsstein oder andere Tonmineralien benutzt.

Kaffee: Der Einsatz von Kaffee-Einläufen zur Dickdarmreinigung ist in den Vereinigten Staaten recht verbreitet. Kaffee ist dabei nicht annähernd so wirkungsvoll wie viele mukotriptische Heilkräuter. Kaffee-Einläufe werden natürlich rektal eingeführt, denn Kaffeetrinken hat keinerlei darmreinigende Wirkung.

Wasser: Dies ist das Lösungsmittel bei Darmspülungen (Kolon-Hydrotherapie). Seine schwache, aber stetig lösende Aktivität wird nur einen Teil des stagnierenden Materials aus dem Kolon entfernen.

Entfernung von gelöstem Material

Die Reinigung des Dickdarms kann sehr viel schneller erfolgen, wenn der alte Kot entfernt wird, sobald er sich zu lösen beginnt, anstatt zu warten, bis er locker genug ist, um einfach abzugehen. Wenn verhärtetes mukoides Material sich löst, wird es wieder klebrig. Durch Wiedereinführung all dieses klebrigen Materials in den Fluß des Dickdarminhalts kommt es recht oft zu stark verstopftem und unregelmäßigem Stuhlgang. Es kann sehr lange dauern, bis sich dieses ganze mukoide Material so weit gelöst hat, daß der Stuhlgang wieder regelmäßig erfolgt. Des-

halb ist es wichtig, aufgelöstes Material schnell abzutransportieren.
Flohsamen [Plantago ovata] sind dabei unübertroffen. Sie quellen im Wasser enorm auf und bilden eine voluminöse, geleeartige Masse mit der erstaunlichen Eigenschaft, große Mengen von klebrigem mukoidem Material zu binden und trotzdem eine nichtklebende und gleitfähige Konsistenz zu bewahren. Dadurch wird der klebrige, zusammengepreßte, wiederaufgelöste Kot in eine feuchte, voluminöse und nichtklebrige Masse verwandelt, die dann leicht aus dem Körper ausgeschieden werden kann. Flohsamen unterstützen auch die Aktivität mukotriptischer Wirkstoffe, indem sie im Darm beträchtliche zusätzliche Mengen an Wasser binden. Dieses Wasser wird dringend benötigt, um das ausgetrocknete mukoide Material aufzuweichen.
Wasser ist ebenfalls ein zuverlässiges Mittel, um losgelösten Kot aus dem Kolon zu entfernen. Ein schneller Einlauf (oder zwei) wird alles gelöste Material ausschwemmen, ohne die langen Wartezeiten, mit denen man bei oraler Einnahme von abführenden Mitteln zu rechnen hat.

Überblick über verschiedene Reinigungsmethoden

Lassen Sie uns einige der heute vor allem in Nordamerika üblichen Methoden der Dickdarmreinigung betrachten:
Olivenölfasten: Dabei nimmt die fastende Person einige Tage lang nur Wasser und zwei Eßlöffel Olivenöl mit einem halben Glas Orangensaft zu sich, und zwar vier- bis

fünfmal täglich. Wenn sich kurz nach dem Fastenbrechen kein regelmäßiger Stuhlgang einstellt, kann man mit Wassereinläufen Abhilfe schaffen. Hier benutzt man Fasten, um die laufende Mukoidbildung zu stoppen, Olivenöl, um das stagnierende Material zu lösen, und Einläufe, um im Bedarfsfall das gelöste Material zu entfernen. Mit dieser Methode wird man gewöhnlich eine Menge von altem Kot los, aber man müßte das Olivenölfasten viele Male wiederholen, um den Dickdarm vollständig zu reinigen.

Vulkanaschefasten: Dabei handelt es sich um ein siebentägiges Saftfasten, bei dem mehrmals täglich Flohsamen und entweder Bentonit oder Bimsstein eingenommen werden. Manchmal wird auch Tonerde anstelle von Vulkanasche benutzt. Bei einer bestimmten Variante dieses Fastenprogramms muß der Fastende täglich einen stundenlang dauernden Kaffee-Einlauf von zwei Litern machen: Dabei wird der Dickdarm massiert, während der Kaffee nacheinander in kleinen Mengen eingeführt wird. Hier benutzt man das Fasten, um die Mukoidbildung zu unterbinden, Vulkanasche oder Tonerde, manchmal in Verbindung mit Kaffee und Massage, um das stagnierende Material zu lösen, und Flohsamen sowie manchmal auch Einläufe, um das gelöste Material auszuscheiden. Mehrere siebentägige Kuren dieser Art sind nötig, um allen alten Kot zu entfernen.

Darmspülungen (Kolon-Hydrotherapie): Dabei handelt es sich in Wirklichkeit um eine raffinierte Art von Einläufen, bei denen unter Verwendung besonderer Geräte gleichzeitig Wasser direkt in das Kolon gepumpt und Kot ausgespült werden kann. Dadurch läßt sich natürlich wesentlich mehr erreichen als mit der einfachen Einlauftechnik zu Hause. Die Person, die davon profitiert, oder ein geschickter Therapeut sollten das Gerät kontrollieren. Bei Dickdarmspülungen dient das Wasser sowohl zur Lösung als auch zur Entfernung des alten Kotes. Was Kontrolle und Reduktion der Mukoidbildung angeht, muß man wissen, daß sie bei den Spezialisten für Darmspülungen im allgemeinen ins Ermessen des Klienten gestellt werden. Wenn wir jedoch Dr. Norman Walker, eine amerikanische Autorität auf dem Gebiet der Darmspülung, konsultieren, so betont er nachdrücklich die Notwendigkeit, eine Kost aus Gemüse, Früchten und Säften zu verzehren, um den vollen Nutzen aus Darmspülungen ziehen zu können. Doch selbst unter diesen Bedingungen braucht man Dutzende von Darmspülungen über einen Zeitraum von mehr als einem Jahr, um den vollen Nutzen aus der Methode zu ziehen.

In Anwendungsbereich und Wirkung unterscheiden sich Darmspülungen in zweierlei Hinsicht von meinem Dickdarm-Reinigungsprogramm: Erstens beruht ein erheblicher Anteil ihrer Wirksamkeit auf dem Einlaufeffekt, den wir in Kapitel 2 erklärt haben. Weil sie diesen Einlaufeffekt hervorrufen, können Darmspülungen von gesundheitlichem Nutzen sein, selbst nachdem der Dickdarm völlig gereinigt worden ist. In dieser Hinsicht bieten Darmspülungen etwas, das durch eine einfache Reinigung des Kolons allein nicht erreicht werden kann. Während ein sauberer Dickdarm die negativen reflexologischen Dauerwirkungen verhindert, die durch einen toxischen Dickdarm verursacht werden, erzeugt er nicht die kraftvollen, positiven reflexologischen Kurzzeitimpulse, welche Darmspülungen (und Einläufe) auf den Organismus ausüben. Zweitens läßt sich mit Darmspülungen allein das am stärksten verhärtete Material nicht aus dem Dickdarm entfernen. Dort befindet sich zum einen das feuchte fäulnisbildende Material, das die Darmspülungen ausschwemmen werden. Doch zum andern ist da auch noch das verhärtete verfaulte Material, das ganz ausgetrocknet ist und am Darm festklebt. Ohne die Verwendung starker Lösungsmittel würde es sich niemals rühren. Ich habe Klienten gesehen, die selbst nach zahlreichen Darmspülungen bei der Durchführung meines Programms immer noch große Mengen von altem Kot ausgeschieden haben. Ich will damit nicht sagen, Darmspülungen seien eine nutzlose Methode, denn sie sind sehr wirkungsvoll in ihrem spezifischen Anwendungsbereich. Doch während sich die beiden Methoden teilweise überschneiden, bestehen auch wichtige Unterschiede zwischen meiner Methode und Darmspülungen.

Darmspülungen vertragen sich gut mit meinem Darmreinigungsprogramm. Obwohl dieses Programm an sich ausreicht, um den Dickdarm vollständig zu reinigen, lassen sich schnellere Fortschritte erzielen, wenn es durch wöchentliche Darmspülungen ergänzt wird. Spezialisten für Hydrotherapie haben immer wieder verblüfft festgestellt, welche Mengen von altem Kot bei Darmspülungen abgingen, die in Verbindung mit meinem Programm durchgeführt wurden.

Wenn man Darmspülungen bekommen möchte, sind zwei Dinge zu beachten: Erstens sollte man vermeiden, daß die Spülung mit chloriertem Wasser durchgeführt wird. Statt dessen sollte man eine Einrichtung suchen, die gereinigtes Wasser benutzt, denn Spülungen mit chloriertem Wasser können die freundlichen Laktobakterien im Kolon zerstören. Therapeuten, die chloriertes Wasser benutzen, versuchen oft, das zu kompensieren, indem sie ihre Klienten dazu ermuntern, eine Menge Joghurt oder Kefir zu essen, damit die zerstörten Laktobakterien wieder ersetzt werden. Diese Nahrungsmittel sind aber hochgradig mukoidbildend, und ihr Verzehr ist im Grunde gesundheitsschädigend. Wenn die harmonische Zusammensetzung der Darmflora gestört ist, sollten Sie statt dessen lieber meine Laktobakteriennahrung einnehmen oder nach Belieben Rejuvelac ansetzen und trinken, so wie es in Kapitel 6 beschrieben wird.

Zweitens ist im Zusammenhang mit Darmspülungen zu beachten, daß sie Reinigungsreaktionen hervorrufen können. Der Einlaufeffekt ist ein natürliches Phänomen, das im ganzen Körper Giftstoffe in Bewegung bringt. Das bedeutet aber nicht, daß man Darmspülungen vermeiden sollte, denn sie sind von Nutzen, wenn man seinen Körper von allen möglichen Giftstoffen befreien will. Allerdings sollte man dabei maßvoll vorgehen, um Reinigungskrisen von schwer zu ertragender Intensität zu vermeiden. Wenn die Wahrscheinlichkeit besteht, daß eine einzelne langwierige Darmspülung zu starke Reinigungskrisen hervorrufen könnte, sollte man lieber zwei oder drei kürzere Darmspülungen über einen gewissen Zeitraum verteilen. Und wenn drei Spülungen pro Woche zu intensiv wirken, ist es besser, sich mit ein bis zwei zu begnügen.

Ein umfassendes Programm zur Reinigung von Verdauungs- und Lymphsystem

Trotz der vielen positiven Wirkungen von Darmreinigungsprogrammen hat meine Erfahrung als Direktor des Food for Health Institute klar gezeigt, daß nur wenige Menschen ähnliche Programme wie die eben skizzierten lange genug durchhalten, um den Dickdarm völlig zu reinigen. Offensichtlich führt jeder von uns ein geschäftiges Leben und will deshalb für irgendeine Sache nur ein Minimum an Zeit und Mühe aufbringen. Wenn der einzelne professionelle Unterstützung sucht, braucht er nicht nur eine gute Informationsquelle, sondern auch zweckmäßige Methoden zur Anwendung dieses Wissens. Diese Methoden sollten nur ein Minimum an Zeit beanspruchen und leicht durchzuführen sein.
Aus diesen Gründen hatte ich mir vorgenommen, ein Darmreinigungsprogramm, das folgende Kriterien erfüllte, zu entwickeln:

- Es sollte ohne Fasten, Einläufe und andere schwierige Begleitmaßnahmen auskommen.
- Täglich sollten nur ein paar Minuten dafür nötig sein.
- Es sollte sich auch anwenden lassen, wenn man sich anders ernährt, als an meinem Institut gelehrt wird.
- Es sollte sich bei täglicher Anwendung kontinuierlich durchführen lassen, bis der Dickdarm völlig gereinigt ist.
- Gleichzeitig sollte das Wachstum von Laktobakterien gefördert werden.

Das Ergebnis war die über neun Jahre dauernde Entwicklung eines Programms, das in den meisten Fällen all diesen Anforderungen gerecht wird und bei seinen Anwendern großen Anklang gefunden hat. Das eigentliche Programm umfaßt drei Bestandteile:

- die Reinigungstabletten *(Cleansing Tablets)*, die bis zu viermal täglich eingenommen werden;
- den Massebildner (*Bulking Agent*, in zwei Varianten, in Pulverform), der zwei- bis viermal eingenommen wird; und
- eine vier- bis fünfminütige tägliche Bürstenmassage der Haut.

Dazu kommt ergänzend noch eine spezielle Laktobakteriennahrung (*Lactobacteria Food*, in Pulverform), die vor allem nach Abschluß des Programms nach Belieben zugeführt werden kann (siehe dazu den nächsten Abschnitt und Kapitel 6).
Bei den drei Präparaten handelt es sich um Mischungen aus Kräutern und Pflanzenteilen, die nach strengen Kriterien des organischen Landbaus angebaut werden. Neben dem normalen Massebildner gibt es noch den Leichten Massebildner *(Special Formula Bulking Agent)*, der vor allem für Menschen, die an Candidamykosen (durch Hefepilze hervorgerufene Krankheiten) leiden, entwikkelt wurde. Doch kann man ihn auch einnehmen, wenn weniger Entwässerung gewünscht wird oder einem der Geschmack mehr zusagt. Auch der Leichte Massebildner nährt bereits die Laktobakterien, doch ist der normale Massebildner in dieser Hinsicht weitaus wirksamer. Da

die Laktobakterien selbst in der Lage sind, die Candidapilze abzutöten, bedeutet dies, daß Sie Candidabeschwerden um so schneller überwinden, je besser Sie Ihre Laktobakterienpopulation nähren. Wenn es dabei mit dem normalen Massebildner zu Reinigungskrisen kommen sollte, können Sie zur »leichten Mischung« wechseln. Nach etwa sechs bis acht Wochen »leicht« mischen Sie 10 bis 25 Prozent normalen Massebildner bei und gehen dann allmählich wieder zu 100 Prozent »normal« zurück. Weil die Präparate in diesem Programm oral (und nicht anal) zugeführt werden, reinigen sie nicht nur den Dickdarm, sondern den ganzen Verdauungskanal.
Lassen Sie uns die Zusammensetzung der drei Präparate des Programms genauer betrachten:

- Die Reinigungstabletten enthalten: Irisches Moos, Maisfädenextrakt, Nelken, Rosmarin, Spitzwegerich, Vogelmiere und Wachsmyrtenrinde.
- Der Massebildner enthält Flohsamen (von besonders hoher Qualität), Löwenzahnwurzel, Nelken, Spirulina, Spitzwegerich-Endosperm und -Embryo (Teile des Samens) und Zwiebel.
- Die Laktobakteriennahrung besteht aus Zwiebel, Spirulina, Kalziumkarbonat und Löwenzahnwurzel.

Die Reinigungstabletten und in geringerem Maße auch der Massebildner bewirken eine Auflösung des stagnierenden Materials, während der Massebildner ungewöhnlich wirksam ist, um das losgelöste Material abzutransportieren. Lassen Sie uns nun die verschiedenen Wirkungsweisen meines Programms erklären:

- Mukotriptische Wirkung: Meine Mischung enthält sechs mukotriptische Kräuter, die in starker mukosynergistischer Beziehung zueinander stehen und daher auch das allerhärteste stagnierende mukoide Material aufzulösen vermögen. Bei isolierter Anwendung wirkt jedes dieser sechs Kräuter (unabhängig von der Dosierung) nur schwach im Vergleich zur Wirksamkeit ihrer Kombination. Ferner ist die mukoaggressive Aktivität dieser Pflanzen relativ schwach. Zwei davon haben keinerlei mukoaggressive Wirkung; bei den restlichen vier ist diese leichte Wirkung nur selten spürbar.
- Darmregulatoren: Verdauungsregulierende Substanzen üben sowohl bei Verstopfung als auch bei Durchfall eine ausgleichende Gegenwirkung aus. Wie bereits erwähnt wurde, führt die Wiederauflösung alten mukoiden Materials in den Fluß des Darminhalts dazu, daß der Stuhlgang mehr zur Verstopfung neigt. An dieser Stelle ist zu erwähnen, daß die Einnahme reinigender Kräuter zu erhöhter Gallenabsonderung führen und dieser Überschuß Durchfall verursachen kann. Deshalb kann es während des Darmreinigungsprogramms zeitweise sowohl zu Verstopfung als auch zu Durchfall kommen. Vier der in meinen Rezepturen verwendeten Kräuter wirken zusammen, um für gute verdauungsregulierende Wirkungen zu sorgen.
- Lymphsäuberung: Die Mischungen enthalten zwei lymphsäubernde Heilpflanzen, deren gemeinsame Wirkung in dieser Hinsicht über das hinausgeht, was zum Ausgleich gegen die einzige lymphaggressive Droge erforderlich ist.
- Blutsäuberung: Die in den Rezepturen verwendeten

Heilkräuter sorgen in reichlichem Maße für blutsäubernde Wirkungen, um die blutaggressive Aktivität der beiden lymphsäubernden Drogen auszugleichen.

- Mukokorrektive Wirkung: Die verwendeten Heilpflanzen sorgen in reichlichem Maße für mukokorrektive Aktivität, um die mäßige mukoaggressive Wirkung der mukotriptischen Drogen auszugleichen.
- Karminative Wirkung: Während die verwendeten Kräuter kaum zur Gasbildung beitragen, enthält die Mischung eine reichliche Dosis karminativer Drogen, um die als Reinigungsreaktion auftretende Gasbildung zu reduzieren.
- Vermehrung der Laktobakterien: Drei Kräuter in den Mischungen bilden eine synergistische Kombination, welche die Laktobakterien im Darm dazu anregt, sich in erhöhtem Maße zu vermehren. Daher zeigen die Mischungen nicht nur darmreinigende Wirkungen, sondern tragen gleichzeitig zur Implantation gesunder Laktobakterien in den Dickdarm bei.

Jeder Bestandteil in diesen Rezepturen besitzt vielfältige arzneiliche Aktivitäten, die in den meisten Fällen mit den Aktivitäten der anderen Kräuter zusammenwirken. Durch den subtilen Ausgleich zwischen diesen Eigenschaften erhält man eine Rezeptur mit allen Komponenten, die zu einer hohen Wirksamkeit erforderlich sind und gleichzeitig das Risiko von Reinigungsreaktionen auf ein Minimum reduzieren. Zur Kombination der richtigen Kräuter in fein austariertem Verhältnis habe ich jahrelang gebraucht; sie ist verantwortlich für die herausragenden Eigenschaften meiner Rezepturen.

Die Bürstenmassage der Haut ist in erster Linie ein lymphreinigendes Verfahren. Sie wirkt in Verbindung mit den Reinigungstabletten, deren mukotriptische Eigenschaften auflösend auf verhärtetes mukoides Material in den Lymphgefäßen wirken.
Alles, was zur Durchführung dieses Reinigungsprogramms benötigt wird, können Sie bei der am Ende des Buches genannten Adresse bestellen.

Vermehrung von Laktobakterien

Wie in Kapitel 3 erklärt wurde, sorgen die Laktobakterien für voluminöse, gleitfähige Stühle sowie größere Mengen und Häufigkeit von Ausscheidungen; außerdem wirken sie im Verdauungstrakt den schädlichen Darmbakterien und -pilzen entgegen. Allerdings habe ich herausgefunden, daß die tägliche Einnahme von Flohsamen über zwei bis drei Monate hinweg die Laktobakterien dezimiert. Wegen ihrer hohen Wirksamkeit bei der Entfernung von stagnierenden Abfallstoffen sind Flohsamen praktisch in allen amerikanischen Präparaten zur Darmreinigung enthalten. Doch sollte man wissen, daß sie dabei auch die freundlichen Darmbakterien entfernen.
Um den vollen Nutzen aus Laktobakterien zu ziehen, genügt es nicht, daß sie einfach im Körper anwesend sind. Es ist ebenso notwendig, daß sie sich implantieren, das heißt, daß sie sich an den Darmwänden fest niederlassen. Wenn dies in ausreichendem Umfang geschieht, finden unerwünschte Bakterien keinen Platz mehr zur Ansiedlung und werden dadurch reduziert. Aber solange die

freundlichen Laktobakterien nicht die Darmwand beherrschen, wird es dort statt dessen unerwünschte Bakterien geben, auch wenn man regelmäßig Laktobakterienpräparate zuführt. Außerdem ist die Einpflanzung von Laktobakterien schwierig zu bewerkstelligen. Wenn man ein gutes Laktobakterienpräparat einnimmt, erreicht man zunächst auch ein paar positive Resultate, doch wenn man nichts mehr zuführt, kann dies aufhören, weil sich die Laktobakterien aus den Präparaten überhaupt nicht eingepflanzt haben. Oft laufen sie über lange Zeit hinweg einfach durch, bevor sie sich endlich einpflanzen und halten können, ohne daß man weiter Präparate zuführen muß.

Meine Lösung für dieses Problem besteht darin, nicht Laktobakterienpräparate zuzuführen, sondern statt dessen das Wachstum der bereits im Darm angesiedelten Laktobakterien zu fördern, auch wenn ihre Zahl anfänglich gering sein mag. Wenn man meine Präparate zur Darmreinigung benutzt, vermehren sich die Laktobakterien schneller, als sie durch Flohsamen ausgeschieden werden. Auf diese Weise wird die Dezimierung der Laktobakterien im Verlauf der Darmreinigung vermieden.

Es gibt viele Arten von Laktobakterien. Welche Art sich am besten einpflanzt, hängt von der Ernährung ab. Bei Einnahme bestimmter Laktobakterienpräparate kann es vorkommen, daß sich die Bakterien nicht auf merkliche oder dauerhafte Weise ansiedeln, weil es sich nicht um die richtige Spezies gehandelt hat. Bei meinem Verfahren der Laktobakterienvermehrung wird dafür gesorgt, daß die im Wachstum geförderte Spezies die richtige für Ihre Art von Ernährung ist. Und weil es sich um die

richtigen Bakterien handelt, werden die Darmwände relativ schnell besiedelt. Um den vollen Nutzen aus der Laktobakterienvermehrung zu ziehen, den meine Rezepturen möglich machen, sollten die Reinigungstabletten und der Massebildner zusammen eingenommen und keinerlei Ersatzpräparate dafür benutzt werden.
Zusätzlich habe ich eine besondere Laktobakteriennahrung entwickelt, die sich auch außerhalb dieses Reinigungsprogramms anwenden läßt. Dieses Präparat unterstützt das Wachstum von Laktobakterien auf äußerst wirksame Weise und sorgt so für eine gesunde Population von implantierten Laktobakterien.

Die ersten Schritte bei der Reinigung des Verdauungssystems

Die Menschen reagieren unterschiedlich auf dieses Darmreinigungsprogramm. Die zu einer gründlichen Reinigung erforderliche Dosis an Reinigungstabletten und Massebildnern ist für jeden verschieden. Außerdem muß man berücksichtigen, daß bei fortschreitender Reinigung das toxische Material im Darm abnimmt und allmählich stärkere Dosierungen angebracht sind.
Die Anwendungstabelle (auf Seite 161) zeigt die Progression der verschiedenen Dosierungsebenen an. Weil der Massebildner auch ohne Reinigungstabletten eine gewisse reinigende Wirkung hat, sollte zu Beginn des Programms eine Zeitlang nur der Massebildner eingenommen werden. Beginnen Sie stets auf der Ebene des Verträglichkeitstests! Nach drei oder mehr Tagen auf dieser Ebene sind etwa 70 bis 80 Prozent der Teilnehmer in der

Lage, auf Ebene E zu gehen. Einige Teilnehmer müssen jedoch die vier Dosierungsebenen A bis D der Reihe nach durchlaufen, bevor sie auf E gehen können, damit die Reinigungsvorgänge für sie glatt und angenehm verlaufen.

Wie die Anwendungstabelle zeigt, nehmen Sie anfangs zweimal täglich zwei (gestrichen volle) Teelöffel Massebildner. Wenn Sie sich dabei unwohl fühlen oder wenn die Häufigkeit und Menge des Stuhlgangs bei Ihnen abnehmen sollten, hören Sie sofort auf und warten drei Tage. Dann fangen Sie auf Ebene A wieder von vorne an. Wenn Sie sich mit der anfänglichen Testdosierung drei oder vier Tage lang wohl fühlen, können Sie direkt auf Ebene E gehen und die in der Tabelle angegebene Dosierung an Reinigungstabletten und Massebildner einnehmen.

Zu jedem eingenommenen (gestrichen vollen) Teelöffel Massebildner trinken Sie einen Viertelliter Flüssigkeit.* Am besten ist es, wenn Sie (auf der Ebene des Verträglichkeitstests) die beiden Teelöffel Massebildner in dem ersten Glas Flüssigkeit verrühren und trinken. Auf den Ebenen D bis I sollte dann sofort ein zweites Glas folgen, das Sie zusammen mit den Reinigungstabletten trinken. Trinken Sie die Flüssigkeit mit dem Massebildner sofort, nachdem Sie ihn in Ihrem Getränk verrührt haben, denn sonst könnte sich die Mischung setzen und zu dick zum Trinken werden. Es macht nichts, wenn der Massebildner

* Selbstverständlich sollten Sie bei der Durchführung der Darmreinigung (ebenso wie beim Fasten) reichlich trinken, wobei 3 Liter pro Tag ein gutes Maß sein dürften (Anm. d. Ü.).

kleine Klümpchen bildet und sich nicht fein verteilt. Einmal im Körper angelangt, werden sie schließlich große Mengen von Feuchtigkeit absorbieren, unter der Voraussetzung, daß dort genug Flüssigkeit vorhanden ist.

Beginnen Sie stets auch dann auf der Ebene des Verträglichkeitstests, und folgen Sie allen Anweisungen in diesem Abschnitt, wenn Sie dieses Programm schon einmal durchgeführt haben und es wiederaufnehmen. Überspringen Sie diese Ebene nicht – unabhängig davon, wie gesund Sie sich ernähren, oder selbst wenn Sie eine andere Form der Darmreinigung durchgeführt haben. Beginnen Sie ebenfalls damit, wenn mehr als drei Wochen seit der letzten Einnahme der Präparate vergangen sind. Bei kürzeren Unterbrechungen können Sie bei der Wiederaufnahme des Programms um eine bis zwei Dosierungsebenen zurückgehen.

Wenn Sie auf Ebene G oder höher angelangt sind, sollten Sie die Präparate viermal täglich einnehmen, zum Beispiel bei jeder Mahlzeit und beim Schlafengehen. Falls Ihr Tagesablauf es nicht zuläßt, die Dosen gleichmäßig über den Tag zu verteilen, dann ist ein Abstand von wenigstens drei Stunden zwischen den Einnahmen zulässig. Wenn Sie die Präparate täglich nur dreimal (statt viermal) einnehmen können, sollten Sie das ausgleichen, indem Sie die Zahl der Anwendungstage um 33 Prozent erhöhen, um auf diese Weise im gleichen Umfang zu reinigen.

Die Präparate nehmen Sie am besten eine Stunde vor oder nach den Mahlzeiten ein. Vor den Mahlzeiten eingenommen, kann der Massebildner zu einem Rückgang des Appetits führen, weil er aufquillt und so den leeren

Magen teilweise füllt. Dies mag für Personen, die abnehmen wollen, nützlich sein. Wenn Sie diese Wirkung vermeiden wollen, nehmen Sie den Massebildner nach den Mahlzeiten ein.

Fortschritte bei der Reinigung

Ihre Fortschritte sollten Sie von Ebene zu Ebene kontrollieren, indem Sie die Häufigkeit und die Menge Ihres Stuhlgangs beobachten und nach Möglichkeit auch notieren. Wenn Sie sich auf einer zu niedrigen Ebene befinden, wird der Stuhlgang in etwa Ihrem normalen Stuhlgang vor Beginn des Programms entsprechen. Schreiten Sie zu höheren Ebenen voran, werden Häufigkeit und Menge des Stuhlgangs zunehmen. Falls Sie aber zu früh auf eine zu hohe Ebene gehen, werden sie wieder abnehmen. Deshalb sollten Sie auf derjenigen Dosierungsebene bleiben, auf der die Häufigkeit und Menge Ihres Stuhlgangs am besten zunehmen, ohne daß Ihr Wohlbefinden in anderer Hinsicht darunter zu leiden hätte.

Wenn Sie glauben, für eine bestimmte Ebene noch nicht bereit zu sein, und dann auf die vorherige zurückgehen, sollten Sie dort so lange bleiben, bis Sie die bisherige Zeit auf dieser Ebene verdoppelt haben. Falls Sie zum Beispiel drei Tage auf Ebene E waren und dann wieder auf E zurückgehen, nachdem Sie Ebene F ausprobiert hatten, sollten Sie weitere drei Tage auf Stufe E verbringen. Sollten Sie dann nach einem weiteren Versuch auf Stufe F noch einmal auf Stufe E zurückgehen, hätten Sie dann weitere sechs Tage auf dieser Stufe zu bleiben, bevor Sie wieder Stufe F ausprobieren könnten.

Sie werden feststellen, daß die Stuhlhäufigkeit während der Darmreinigung schwankt. In manchen Fällen kann sie sich zu einem bestimmten Zeitpunkt bis auf vier- oder fünfmal pro Tag steigern. Die notwendige Verweildauer auf jeder Ebene variiert von wenigen Tagen bis zu einigen Wochen. Die in der Tabelle angegebene Mindestdauer (in Tagen) auf einer bestimmten Dosierungsebene entspricht der schnellsten Progression bei der Durchführung des Programms. Für Ebene I ist keine Mindestdauer angegeben: Dort bleiben Sie einfach so lange, bis die Reinigung zum Abschluß gekommen ist. Bitte beachten Sie, daß es sich bei diesen Zeitangaben um das Minimum an Tagen handelt, das die am schnellsten voranschreitenden Teilnehmer auf den einzelnen Ebenen bleiben sollten. Da die meisten langsamer vorankommen werden, sollten Sie nicht zögern, so lange wie nötig auf jeder Ebene zu verweilen.

Wer das Programm auf Ebene A beginnen muß, wird feststellen, daß er 3 bis 21 Tage auf jeder von den Ebenen A bis D zu verweilen hat. Wenn er dann zu den Ebenen E, F und G voranschreitet, errechnet sich die Mindestdauer wie folgt: Die minimale Zeit auf diesen Ebenen sollte nicht kürzer sein als die durchschnittliche Verweildauer, die Sie auf den Ebenen A bis D verbracht haben, oder der in der Tabelle angegebenen Mindestdauer entsprechen, falls diese Zahl größer ist. Ein Beispiel: Sie brauchten insgesamt 46 Tage von A bis D; das heißt, Sie verweilten im Durchschnitt 12 Tage auf jeder dieser vier Ebenen.

Also liegt Ihr Minimum auf E bei 12 Tagen, aber bei je 14 Tagen (laut Tabelle) auf F und G.

Mögliche Reinigungsreaktionen

Bei der Durchführung dieses Programms ist im allgemeinen nicht mit nennenswerten Reinigungsreaktionen zu rechnen. Zu solchen Reaktionen kommt es, wenn bei den Reinigungsvorgängen mehr Giftstoffe freigesetzt werden, als der Körper tolerieren und ausscheiden kann. Eine Intensivierung bereits existierender Symptome ist die üblichste Art von Reinigungsreaktion bei diesem Programm. Ein geeignetes Verfahren zur Kontrolle von solchen Reaktionen besteht darin, das Ausmaß der Reinigung auf ein erträgliches Niveau zu senken. Wenn es auf einer bestimmten Ebene des Programms bei Ihnen zu Reinigungsreaktionen kommt, sollten Sie dann auf eine Ebene zurückgehen, auf der diese Probleme verschwinden. Im folgenden wollen wir diese Vorgänge genauer untersuchen.
Das stagnierende mukoide Material im Verdauungstrakt ist von unterschiedlicher Härte. Es bedarf keiner besonders starken mukotriptischen Aktivität, um die Auflösung des relativ weichen, fäulnisbildenden (putrefaktiven) mukoiden Materials zu Beginn des Programms in Gang zu setzen. Allerdings ist ein gutes Maß an mukotriptischer Aktivität notwendig, um schließlich die verhärtetsten verfaulten (postputrefaktiven) Ablagerungen zu entfernen. Weil die mukotriptische Wirkung dieses Programms ausreicht, um selbst die härtesten Ablagerungen aufzulösen,

könnte eine zu starke Dosierung am Anfang des Programms leicht dazu führen, daß die Reinigung in zu hohem und unangenehmem Umfang erfolgt. Außerdem arbeitet der Dickdarm bei fortschreitender Reinigung ständig effektiver bei der Entgiftung der Lymphe; dadurch können die Giftstoffe aus dem ganzen Körper leichter abfließen, ohne unangenehme Reaktionen hervorzurufen. Folglich kommt es zu Beginn dieses Programms am ehesten zu Reinigungsreaktionen, während diese Tendenz im Verlauf der Reinigung stetig abnimmt. Um solche Reaktionen unter Kontrolle zu halten, sollten Sie deshalb mit den kleineren Dosierungen zu Beginn des Programms anfangen und dann im Laufe der Zeit schrittweise zu den größeren Dosierungen fortschreiten. Die Verweildauer auf einer bestimmten Ebene sollte von Ihrem Befinden bei der Durchführung des Programms bestimmt werden, aber auf keinen Fall kürzer als die in der Anwendungstabelle angegebene Mindestdauer sein. Das Grundprinzip bei Ihrem Vorgehen besteht darin, daß Sie schließlich die nächsthöhere Ebene tolerieren können, wenn Sie lange genug auf einer bestimmten und für Sie gut verträglichen Dosierungsebene verweilt haben. In manchen Fällen kann das bedeuten, daß Sie mehrere Wochen auf einer Ebene bleiben, für die in der Tabelle eine Mindestdauer von drei Tagen angegeben ist.

Eine weitere mögliche Reinigungsreaktion ist verstopfter und unregelmäßiger Stuhlgang. Hierbei handelt es sich gewöhnlich um die Verstärkung eines bereits existierenden Symptoms; das heißt, die betreffende Person hat schon vor Beginn des Programms darunter gelitten. Sie sollten sich darüber im klaren sein, daß die verwendeten Präparate keine Abführmittel, sondern Darmreiniger sind. Falls Sie vor Beginn dieses Programms von Abführmitteln, Einläufen oder Darmspülungen abhängig waren, könnte es notwendig sein, damit auch während des Programms fortzufahren, vor allem zu Beginn.

Wenn Sie sich während des Programms verstopfter als vorher fühlen, bedeutet das gewöhnlich, daß Sie zu früh auf eine zu hohe Dosierungsstufe gegangen sind. Die Mindestanzahl der Tage in der Tabelle gibt nur das Minimum an; wahrscheinlich müssen Sie auf bestimmten Ebenen länger als angegeben verweilen. Bei stärkerer Verstopfung gehen Sie auf eine Ebene zurück, wo dieses Problem nicht aufgetreten ist, und bleiben dort länger. Doch sollten Sie in diesem Fall zuerst auf die Ebene des Verträglichkeitstests zurückkehren und dort so lange verweilen, bis der Stuhlgang wieder regelmäßig erfolgt. Sie sollten ferner wissen, daß Sie Einläufe oder Darmspülungen benutzen können, falls die rasche Auflösung eines Verstopfungszustands erforderlich ist.

Andere Ursachen für Verstopfung bei diesem Programm können darin bestehen, daß Sie nicht die empfohlene Flüssigkeitsmenge trinken und nicht genügend Massebildner einnehmen.

Falls es auf der Verträglichkeitstestebene zur Verstopfung kommt, sollten Sie, wie früher erklärt, die Ebenen A bis D durchlaufen. Außerdem kann es hilfreich sein, die später in diesem Kapitel vorgestellte Laktobakteriennahrung, eventuell auch in Verbindung mit Rejuvelac (siehe Kapitel 6) zu benutzen.

Frauen erleben bei diesem Programm manchmal eine

Verkürzung oder eine Verlängerung des Menstruationszyklus. Das führt im allgemeinen nicht zu Schwierigkeiten, solange man weiß, daß sich dadurch der Ablauf der Ovulation (Eisprung) ebenfalls ändern kann, so daß jede Methode der Geburtenkontrolle, die auf Berechnungen der Fruchtbarkeitsphase beruht, ungültig wird.

Gelegentlich kommt es im Magen kurz nach der Einnahme des Massebildners zu Unwohlsein. Dies äußert sich gewöhnlich stärker, nachdem die erste Dosis am Morgen oder die letzte am Abend auf nüchternen Magen eingenommen wurde. Der Massebildner selbst hat keine störenden Wirkungen. Unwohlsein oder Sodbrennen kommt daher, daß durch den Massebildner größere Mengen von aufgeweichtem toxischem Material wieder in den Verdauungskanal zurückgeführt wurden. Gewöhnlich hängen diese Reaktionen auch damit zusammen, daß die Reinigungstabletten ohne eine ausreichende Menge an Massebildner eingenommen wurden. Dadurch kann es zu einer stärkeren Ansammlung von gelösten Giftstoffen kommen, die sich nach Einnahme des Massebildners schnell auflöst.

Folgen Sie in solchen Fällen den in diesem Abschnitt gegebenen Anweisungen für den Fall von Verstopfung! Wenn mit Schwierigkeiten dieser Art zu rechnen ist, sollten Sie es vermeiden, den Massebildner und die Reinigungstabletten auf leeren Magen zu nehmen. Wenn diese Probleme zu bestimmten Tageszeiten auftreten, sollten Sie die für diese Zeit angesetzte Dose absetzen. Selbst wenn dieses Problem auftreten sollte, wird es nicht allzulange andauern, sondern verschwinden, sobald die

Giftstoffe, die sich so schnell gelöst haben, ausgeschieden worden sind.
Die Bürstenmassage trägt eher zur Kontrolle von Reinigungsreaktionen bei als zu ihrer Verursachung. Das liegt an ihrer lymphsäubernden Wirkung. Wenn Sie Reinigungsreaktionen unter Kontrolle bringen möchten, empfiehlt es sich, die Haut öfter und länger zu bürsten.

Optimale Dosierung

Die wünschenswerte oder optimale Dosierung ist dann erreicht, wenn die Darmreinigung im schnellstmöglichen Maße fortschreitet, während der Betroffene noch nichts von Reinigungsreaktionen merkt. Diese Dosierungsebene entspricht im allgemeinen der minimalen Dosierung, welche erforderlich ist, um für die Ausscheidung von wenigstens etwas altem Kot mit nahezu jedem Stuhlgang zu sorgen. Jedes deutliche Überschreiten dieser Ebene wird im allgemeinen dazu führen, daß die Ausscheidung alter Exkremente sich verlangsamt, weil es zu verstopftem und unregelmäßigem Stuhlgang kommt. Falls das Körpergewicht um 40 bis 50 Prozent von dem 60-kg-Durchschnitt abweicht, sollte die Dosierung dem Gewicht auf proportionale Weise angepaßt werden. Dann würde zum Beispiel ein Kind von 30 bis 35 kg Gewicht nur einen Teelöffel Massebildner (statt zwei Teelöffel wie in der Tabelle angegeben) und nur eine halbe Reinigungstablette (statt einer ganzen) nehmen. Entsprechend sollte ein kräftiger Mensch von 90 bis 100 kg Gewicht drei Teelöffel Massebildner (statt zwei) und anderthalb Reinigungstabletten (statt einer) einnehmen. Wenn Sie die Dosierung auf diese Weise ändern, sollten Sie darauf achten, daß das Verhältnis von Massebildner zu Reinigungstabletten nicht von den angegebenen Werten abweicht. Übergewichtige Personen sollten die Dosierung ihrem Idealgewicht anpassen, denn zusätzliches Fett macht den Verdauungstrakt nicht größer.

Gegenanzeigen

Selbst für Kinder gibt es im Grunde keine Gegenanzeigen (Kontraindikationen) für die Durchführung dieses Darmreinigungsprogramms. Doch gilt für alle Anwender, daß die Dosierungen unter dem Maß, bei dem deutliche Reinigungsreaktionen auftreten, bleiben sollten. Schwangeren Frauen wird von der Anwendung des Programms abgeraten, es sei denn, sie führen es auf Empfehlung und unter Kontrolle eines qualifizierten Arztes durch.
Beim Anwenden dieses Programms kann sich wie gesagt der Menstruationszyklus verändern. Das sollten vor allem Frauen, die Geburtenkontrolle durch die Berechnung ihrer (un)fruchtbaren Tage ausüben, wissen und berücksichtigen.
Personen, die unter irgendeiner Form von (chronischer) entzündlicher Darmkrankheit leiden, wie Morbus Crohn (chronische Dünndarmentzündung [Enteritis regionalis]), Ileitis regionalis (örtliche Entzündungen des Ileums, des zweiten Teils des freien Dünndarms) oder Colitis ulcerosa (geschwürige Dickdarmentzündung),

sollten dieses Programm nicht durchführen. Bei all diesen Beschwerden muß man mit Reinigungskrisen in Form einer Verschlimmerung der vorhandenen Symptome rechnen. Weil es sich in diesen Fällen um sehr ernste Symptome handelt, wäre den Betroffenen eher zu raten, ihre Ernährung umzustellen, wenn sie natürliche Methoden der Gesundheitspflege anwenden möchten. Bürstenmassage und der Massebildner mögen sich für die Betroffenen als zuträglich erweisen, aber die Reinigungstabletten sollten auf keinen Fall eingenommen werden.
Auch wenn Sie regelmäßig Salicylate oder Medikamente einnehmen, die Digitalis oder Nitrofurantoin enthalten, sollten Sie dieses Programm nicht durchführen. Granatäpfel und Granatapfelsaft (Grenadine) können den Dickdarm stark reizen. Es ist daher zu empfehlen, während der Durchführung eines Darmreinigungsprogramms ganz darauf zu verzichten und sie ansonsten auf ihre Verträglichkeit zu prüfen, vor allem wenn Ihr Darm empfindlich ist.

Wirkungen des Programms

Das stagnierende mukoide Material im Dickdarm ist von zweierlei Art: Erstens gibt es das stagnierende, fäulnisbildende (putrefaktive) Material. Nach seiner Ausscheidung verbreitet es den charakteristischen Gestank von altem Kot, der viel stärker als der typische Geruch des täglichen Stuhlgangs ist. Zweitens gibt es im Kolon das stagnierende, verfaulte (postputrefaktive) Material, das ganz hart geworden ist und in dem keine Fäulnisvorgänge mehr ablaufen. Es stinkt kaum noch und ist gewöhnlich grau, schwarz, dunkelbraun oder dunkelgrün gefärbt. Der größte Teil des fäulnisbildenden Materials, das an seinem charakteristischen Geruch leicht zu erkennen ist, wird im allgemeinen während der beiden ersten Wochen des Reinigungsprogramms ausgeschieden. Dagegen dauert es gewöhnlich länger, bis das verhärtete, verfaulte Material vollständig entfernt ist.

Während der Durchführung des Programms sollten Sie täglich zweimal oder öfter Stuhlgang haben. Unter der Voraussetzung, daß Sie die Bürstenmassage (wie weiter hinten in diesem Kapitel erklärt) durchführen, scheiden Sie möglicherweise geleeartigen Lymphschleim aus, der in seiner Färbung zwischen nahezu durchsichtig über weiß oder gelb bis zu dunkelbraun variiert. Während der ersten Wochen des Programms ist die Ausscheidung von altem fäulnisbildendem Material am charakteristischen Geruch zu erkennen. Ein Großteil davon geht als unregelmäßig geformte mukoide Stränge und Schlingen ab.

Etwa in der vierten oder fünften Woche des Programms wird die Ausscheidung von verfaultem Material einsetzen. Sie werden dann wahrscheinlich graues oder dunkelgrünes postputrefaktives Material sowie braunen verfaulten Kot in vielen Schattierungen ausscheiden. Ein großer Teil davon ist daran zu erkennen, daß ein und derselbe Stuhlgang Exkremente mit zwei oder mehr Farbtönen enthält. Ein Teil dieses verfaulten Materials kann auch fast schwarz sein. Es kann in großen Klumpen oder in kleinen Stücken zur Ausscheidung gelangen.

Um die vierte Woche herum können auch Darmparasiten (Würmer) ausgeschieden werden. Diese haben sich in das fäulnisbildende Material eingenistet, das gewöhnlich in drei bis fünf Wochen entfernt wird. Sobald dieses Material eliminiert ist, haben die Würmer nichts mehr, woran sie sich halten können, und werden ausgeschieden. Die Größe der Würmer variiert von winzigen Fadenwürmern bis zu langen, flachen Bandwürmern von über 30 cm Länge. Die gewöhnlichste Art von Darmparasiten sind die gelbbraunen Spulwürmer.

Wer mehrere Jahre lang eine von Mukoidbildung freie, gesunde Kost zu sich genommen hat, wird nur sehr wenig fäulnisbildendes Material ausscheiden, aber feststellen, daß der Dickdarm immer noch Rückstände von verfaultem Material enthält. Das hängt damit zusammen, daß eine solche Kost die Bildung und Ablagerung von neuem fäulnisbildendem Material verhindert. Dabei kann das vorhandene Material schließlich ganz verwesen und verhärten. Doch durch gesunde Ernährung allein läßt sich das verfaulte (postputrefaktive) Material, das sich schon kurz nach der Geburt anzusammeln begann, nicht entfernen.

Wenn Sie den Massebildner einzunehmen beginnen, kann es dazu kommen, daß der Unterleib ziemlich aufquillt, weil der alte Kot im Verlauf der Aufweichung mit Wasser anschwillt. Im Vergleich zur Menge des ausgeschiedenen alten Kotes mögen Ihnen die Gewichtsverluste langsam vorkommen, weil jedes Pfund von verhärtetem Kot auf mehrere Pfund anschwillt, bevor es schließlich den Darm verläßt. Sobald der ganze alte Kot entfernt ist, wird der Unterleib selbst bei Einnahme von Massebildner nicht mehr anschwellen. Wenn die Darmreinigung vollendet und damit das Programm beendet ist, wird Ihr Bauch flacher als je zuvor sein, und Sie werden sich leichter fühlen.

Kontrolle der Fortschritte

Solange der Kot den charakteristischen Geruch von altem fäulnisbildendem Material hat, Mischungen von verschiedener Farbe und Beschaffenheit enthält, ungewöhnlich dunkel gefärbt ist oder anders als rundlich und zylindrisch geformt ist, wird alter Kot ausgeschieden. Wenn Sie den alten Kot nur schwer von dem neuen unterscheiden können, dann sollten Sie zwei der täglichen vier Dosen Massebildner ein paar Tage lang zusammen mit einem Glas Karottensaft einnehmen und während dieser Zeit keinen Spinat und andere oxalsäurehaltigen Blattgemüse essen. Dadurch färbt sich der frische Stuhl normalerweise in hellem Orangebraun, so daß er leicht von dem dunkleren alten Kot zu unterscheiden ist. Wenn sich dabei nichts im Stuhl hell färbt, zeigt dies an, daß noch alter Kot vorhanden ist und sich so gründlich auflöst, daß er sich mit dem frischen Kot gleichmäßig vermischt.

Wenn Sie merken, daß in Ihrem Stuhl kein alter Kot mehr zu beobachten ist, bedeutet dies gewöhnlich, daß Sie zur nächsthöheren Dosierungsebene weitergehen können, unter der Voraussetzung, daß Sie dabei die früher in diesem Kapitel angegebene »Höchstgeschwindigkeit« nicht überschreiten und sich wohl fühlen.

Sobald Ihre Eingeweide vollständig gereinigt sind, sollten

Sie in Ihrem Stuhl weder dunkle Farben noch Mischungen von verschiedenen Farbstufen feststellen. Der Stuhl müßte dann ferner weich und zylindrisch geformt sein und die Stuhlhäufigkeit auf den Wert zurückgehen, der bei Ihnen vor Beginn des Programms normal war. Wahrscheinlich werden Sie dann bis auf Ebene H oder I fortgeschritten sein. Bis zur vollständigen Reinigung des Dickdarms dauert es im allgemeinen drei Monate, doch schwankt diese Zeit von Person zu Person. Ein niedriger Stoffwechselumsatz, eine stark mukoidbildende Kost, fortgeschrittenes Alter, extrem mukoidbildende Ernährungsgewohnheiten während des ganzen Lebens, ein geschwächter oder erblich bedingt schwacher Dickdarm, längere Anwendungszeiten auf den niedrigeren Dosierungsebenen und eine mangelhafte Durchführung des Programms sind alles Faktoren, welche zu einer Verlängerung der erforderlichen Zeit führen. Es gibt einen Bericht von einer Autopsie, bei welcher ein Dickdarm, der 20 kg schwer gewesen sein soll, entfernt wurde. Natürlich dürfte es wesentlich länger als drei Monate dauern, um einen solchen Darm zu reinigen.

Abschluß des Programms

Wenn Sie das Programm abschließen möchten, hören Sie zuerst mit den Reinigungstabletten auf und setzen dann innerhalb von drei Tagen allmählich den Massebildner ab.

Ist der Dickdarm erst einmal sauber, wird es möglich, dort eine hohe Konzentration von Laktobakterien zu erhalten. Wie bereits erklärt wurde, sorgen diese Bakterien für voluminöse, gleitfähige Stühle und für eine größere Menge und Häufigkeit des Stuhlgangs; außerdem wirken sie den schädlichen Bakterien und Hefepilzen entgegen. Normalerweise werden Laktobakterien im Darm ein gesundes Niveau erreichen, nachdem Sie meine Präparate ein paar Wochen lang eingenommen haben. Die meisten Leute möchten dieses Niveau auch nach Abschluß des Programms aufrechterhalten. Zu diesem Zweck habe ich eine spezielle Laktobakteriennahrung entwickelt, welche Zwiebel, Kalziumkarbonat, Spirulina und Löwenzahnwurzel enthält. Diese Mischung regt das Wachstum der Laktobakterien im Körper auf sehr wirksame Weise an. Sie kann nach Abschluß des Darmreinigungsprogramms für beliebig lange Zeit jeden Tag eingenommen werden (täglich dreimal zwei Teelöffel zu den Mahlzeiten). Es genügt, zu diesem Präparat ein Glas Flüssigkeit zu trinken. Wenn Sie es wünschen, dürfen Sie die Laktobakteriennahrung auch zusammen mit den darmreinigenden Mitteln nehmen. Dabei sollten Sie jeder Dosis einen Teelöffel Laktobakteriennahrung hinzufügen.

Bürstenmassage

Wie in Kapitel 2 beschrieben wurde, ist die Bürstenmassage der Haut ein höchst wirksames Verfahren zur Reinigung des Lymphsystems. Weil bei der Reinigung des Verdauungstrakts verhärtete mukoide Substanzen sowohl in den Eingeweiden als auch im Lymphsystem aufgelöst werden, verbessert die gleichzeitige Durchführung

von Bürstenmassage und Darmreinigung die Wirksamkeit dieser Massage.
Für diese Massage sollten Sie »Badezimmerbürsten« mit langem Stiel benutzen. Es ist wichtig, daß die Bürste natürliche Pflanzenborsten hat. Synthetische Borsten sind unbedingt zu vermeiden. Die Bürste sollte trocken bleiben und nicht zum Baden benutzt werden.
Der Körper sollte trocken sein und die Bürste mit sanftem Druck über jede Körperpartie mit Ausnahme des Gesichts streichen. Dabei sollte die Bürste sich nicht hin und her bewegen, nicht kreisen, nicht (kräftig auf der Stelle) »schrubben« und nicht massieren – einmal schwungvoll über die Haut »wischen« genügt! Sie sollten stets in Richtung Unterleib bürsten. Bürsten Sie zuerst über Hals, Schultern und Rumpf abwärts und dann über Arme, Beine und Hintern nach oben! Auf den Schultern und dem oberen Rücken dürfen Sie auch in seitlicher Richtung bürsten, weil Sie an diesen Stellen auf diese Weise den besten Kontakt zur Haut haben.
Diese Massage sollte täglich einmal – oder falls gewünscht zweimal – durchgeführt werden. Die ganze Prozedur dauert nicht länger als vier bis fünf Minuten und wirkt höchst anregend und belebend. Man bräuchte eine zwanzig- bis dreißigminütige Luffa-Massage (Naßmassage mit einem Luffa-Naturschwamm [Luffa operculata]) oder türkische Handtuchmassage, um eine ähnlich gute Wirkung zu erzielen.
Ein oder zwei Tage nach Beginn der Bürstenmassage ist es nicht ungewöhnlich, wenn der Stuhl große Mengen von Lymphschleim enthält. Dieser lymphsäubernde Effekt ist das Abfließen des frischen Lymphschleims, der

sich im Lymphsystem zurückgestaut hatte. Wie bereits in Kapitel 3 erläutert wurde, geht die Lymphreinigung viel tiefer als die Lymphsäuberung und dauert daher sehr viel länger.

Homöostase

Unter Homöostase versteht man die Tendenz des Organismus, einen Gleichgewichtszustand herzustellen, bei dem alle Körperfunktionen sich stabil auf ihr normales Niveau einstellen. Der Körper neutralisiert nach und nach die Wirkung von fast jeder Substanz, die ihm über einen ausreichend langen Zeitraum zugeführt wurde. Daher verlieren die meisten Heilpflanzen ihre ganze Wirksamkeit, wenn sie acht bis neun Monate lang eingenommen werden. Der Grund dafür ist vielleicht darin zu suchen, daß der Körper besondere Enzyme entwickelt, um die Wirkstoffe einer bestimmten Droge verdauen oder zerlegen zu können. In anderen Fällen von Resistenz könnte der Körper im Blut Antikörper entwickelt haben, die das aktive Prinzip einer Droge neutralisieren. Wenn Drogen, die der Homöostase unterworfen sind – und das trifft für fast alle zu –, regelmäßig eingenommen werden, nimmt die Sensibilität des Organismus für diese Substanzen im Laufe der Zeit gleichmäßig ab, bis ihre Wirksamkeit völlig verschwindet. Sobald der Zustand totaler homöostatischer Resistenz erreicht ist, muß man sich dieser betreffenden Substanzen fünf bis sieben Jahre lang völlig enthalten, bevor die maximale Reaktionsfähigkeit wieder erreicht wird. Um zu verhindern, daß die

homöostatische Resistenz den Punkt erreicht, von dem an eine bestimmte Droge ihren Nutzen verliert, sollte man sie nicht länger als ein Drittel dieser obengenannten Zeit von acht bis neun Monaten einnehmen.
Damit das Darmreinigungsprogramm so wirksam bleibt, daß es während des ganzen Lebens von Zeit zu Zeit benutzt werden kann, sollte man es nicht länger durchführen, als zur Reinhaltung des Verdauungssystems nötig ist. Eine anfängliche Periode von drei Monaten reicht im allgemeinen aus, um den Dickdarm gründlich zu reinigen. Überschreiten Sie aber bei der ersten Anwendung dieses Programms auf keinen Fall fünf Monate, und setzen Sie dann sechs Monate aus, wenn Sie es so lange angewendet haben. Danach sollte die maximale Periode für eine Wiederholung der Darmreinigung zwei Monate nicht überschreiten, und darauf sollte (mindestens) eine viermonatige Unterbrechung folgen. Nachdem das Kolon einmal gründlich gereinigt wurde, können Sie das Programm alle sechs bis zwölf Monate einmal wiederholen, aber nur so lange wie nötig, um die neueren Ablagerungen zu entfernen.
Die Laktobakteriennahrung ist der homöostatischen Resistenz nicht unterworfen. Deshalb können Sie sie täglich einnehmen, solange Sie wollen.
Die Bürstenmassage unterliegt ebenfalls der homöostatischen Resistenz. Beim erstenmal sollten Sie die Bürstenmassage zusammen mit der ersten Anwendung des Darmreinigungsprogramms beginnen und sie über einen Zeitraum von drei Monaten täglich ausführen, unabhängig davon, wie lange das Reinigungsprogramm läuft. Danach sollte die Haut wöchentlich zweimal in drei- bis viertägi-

gem Abstand gebürstet werden, am besten immer an denselben Wochentagen.

Hinweise zur Ernährung

Die Durchführung einer Darmreinigung regt die Teilnehmer oft zu einer Ernährungsumstellung an. Wenn all das klebrige, verklumpte mukoide Material Tag für Tag aus dem Körper abgeht, wird man sich verwundert fragen, wie es dazu kommen konnte, daß sich solche Mengen in den Eingeweiden angesammelt haben. Die betroffene Person mag früher schon von mukoidbildender Nahrung gehört haben, konnte aber kaum Anzeichen von größeren Ablagerungen in ihrem eigenen Körper feststellen. Sehen ist glauben, denn nun sieht diese Person zum erstenmal, daß alles stimmt, was sie über mukoidbildende Nahrung gehört hatte. Viele Leute, die eine mukoidbildende Kost essen, werden aber behaupten, die Nahrung bilde bei ihnen keine mukoiden Substanzen. In Wirklichkeit sollten sie jedoch besser sagen, daß all das mukoide Material, das durch ihre Nahrung gebildet wird, ihren Körper nie zu verlassen scheint.
Mukoidbildende Nahrung führt nicht nur in Verdauungs- und Lymphsystem, sondern auch im ganzen Organismus zur Mukoidbildung. Da sich mukoide Substanzen in jeder Zelle und zwischen allen Zellen ansammeln, ist der ganze Körper von mukoiden Substanzen durchsetzt. Die Reinigung von Magen, Eingeweiden und Lymphsystem stellt einen gewaltigen und entscheidenden Schritt in Richtung gute Gesundheit dar. Der Körper wird erst

dann völlig gesund sein, wenn alle überschüssigen Ablagerungen von mukoiden Substanzen entfernt sind.
Dieses Darmreinigungsprogramm bietet eine ideale Gelegenheit zur Ernährungsumstellung. Durch Verbesserung der Nährstoffresorption wird es möglich, mit wesentlich leichterer und weniger Nahrung auszukommen als früher. Wenn bei Verwendung des Massebildners der alte, vertrocknete Kot sich mit Feuchtigkeit zu füllen beginnt, stellt sich außerdem ein Völlegefühl ein, das den Hunger noch weiter reduziert. Sobald man diese Wirkungen verspürt, kann man damit beginnen, die stärker mukoidbildenden Nahrungsmittel aus seiner Kost zu streichen und in verstärktem Maße weniger mukoidbildende zu essen.
Bei richtiger Vorgehensweise kann die Ernährungsumstellung eine reibungslose und angenehme Erfahrung sein. Falls Sie damit anfangen wollen, lesen Sie bitte noch einmal die Abschnitte über »Ernährungsumstellung« und »Mukoidbildende Nahrungsmittel« in Kapitel 3.
Sofern Sie Ihre Ernährung umstellen möchten, sollten Sie nach Möglichkeit eine besondere Schwierigkeit vermeiden, nämlich die bereits erwähnten Reinigungsreaktionen. Diese treten auf, wenn die Körpergewebe toxische Substanzen schneller abgeben, als die Ausscheidungsorgane sie aus dem Körper entfernen können. Dadurch sammelt sich ein Überschuß an toxischen Substanzen in Blut und Lymphe an. Um sie auszuscheiden, greift der Organismus zu Notmaßnahmen, um die normale Aktivität der Ausscheidungsorgane zu unterstützen. Dieses Phänomen wird dann als Reinigungsreaktion oder Heilungskrise bezeichnet.

Obst, Gemüse und Honig gehören zu den aggressiv reinigenden Lebensmitteln. Sie setzen die Giftstoffe in den Geweben frei und treiben sie ins Blut und in die Lymphe. Das ist gut, weil wir den Körper von diesen Giftstoffen befreien möchten. Jedoch ist es nicht so gut, wenn diese Vorgänge so schnell ablaufen, daß es zu Reinigungsreaktionen kommt.
Weil Obst und Gemüse zu den Lebensmitteln gehören, die nicht zur Mukoidbildung führen, sollte man sie reichlich verzehren. Weil Früchte und Honig im allgemeinen weitaus aggressiver reinigen als Gemüse, ist es am Anfang besser, mehr Gemüse als Früchte zu essen. Denken Sie daran, daß Gurken, Kürbisse usw. den (Gemüse-)Früchten zugerechnet werden. Zu den aggressiveren Gemüsearten gehören (grüne) Zwiebeln, Lauch, Schnittlauch und (Weiße) Rüben ebenso wie Spaghettikürbis, Bockshornkleesamen und -sprossen sowie Currypulver. All diese aggressiven Nahrungsmittel können leicht zu Reinigungsreaktionen führen und sollten sparsam verzehrt werden. Zu den weniger aggressiven Gemüsefrüchten gehören Avocados und Tomaten, die wie die allermeisten Gemüse reichlich verzehrt werden können.
Ausgereifte, ungekeimte Samen, einschließlich der Hülsenfrüchte, Getreidekörner und Ölfrüchte (Nüsse), hemmen die Reinigungsvorgänge und wirken den aggressiv reinigenden Eigenschaften von Obst und Gemüse entgegen. Gekeimte Samen verhalten sich in dieser Hinsicht neutral; das heißt, sie zeigen weder reinigende noch hemmende Wirkungen. Unter den Samenarten sind die Körner leichter zu verdauen als Ölsaaten oder Hülsenfrüchte.

Wenn man mukoidbildende Nahrungsmittel aus seiner Kost weglassen möchte, beginnt man am besten damit, daß man allmählich zu einer giftfreien (atoxischen) Kost aus Gemüsen, Früchten, Sprossen, Honig oder Ahornsirup (wenn gewünscht), einmal Hirse pro Tag sowie Kelp (ein Algenprodukt) und Zink als Ergänzung übergeht. Milchprodukte sollten aus Ziegenmilch hergestellt sein, denn sie ist in sehr viel geringerem Maße mukoidbildend als Kuhmilch. Hirse ist eine Getreideart, die kein Gluten (Getreideeiweiß) enthält und wesentlich weniger mukoidbildend ist als Weizen, Reis, Hafer, Roggen oder Gerste. Bei einer solchen Art von Ernährung fehlen die meisten mukoidbildenden Nahrungsmittel, während die Hirse die aggressiven Reinigungswirkungen von Obst, Honig und Gemüse kontrolliert. Eine solche Kost wirkt sich äußerst positiv auf die Gesundheit aus. Sollte man zu früh darüber hinausgehen, indem man alle ausgereiften Samen zu rasch aus seiner Kost verbannt, muß man mit großer Wahrscheinlichkeit mit Reinigungsreaktionen rechnen.

Hirse läßt sich auf vielfältige Weise zubereiten. Das Grundrezept ist einfach: Die Hirse zuerst heiß waschen, einen Teil Hirse mit zwei Teilen Wasser langsam aufkochen und dann auf kleinstem Feuer (oder fest zugedeckt und ausgeschaltet) etwa 20 Minuten ausquellen lassen. Hirse kann zu jeder Mahlzeit gegessen werden, zum Frühstück auch mit Obst.

Nachdem das Darmreinigungsprogramm abgeschlossen wurde, empfiehlt es sich, dafür zu sorgen, daß Sie die mukoidbildenden Einflüsse so weit unter Kontrolle halten, daß Sie gewöhnlich zweimal täglich Stuhlgang haben. In den meisten Fällen läßt sich das durch folgende Maßnahmen erreichen:

- Sie halten sich an die hier empfohlene Kost, und
- Sie ergänzen Ihre Kost in dem Maße mit Laktobakteriennahrung, wie es notwendig ist, um eine hohe Konzentration von Laktobakterien im Darm aufzubauen und zu erhalten.

6 Natürliche Heilverfahren

Zufuhr von Laktobakterien

In Kapitel 2 war bereits von den Darmbakterien die Rede. Es wurde erwähnt, daß die Eingeweide sowohl fäulniserregende (putrefaktive) Bakterien enthalten als auch freundliche Laktobakterien, welche die Aktivität der Fäulnisbakterien unter Kontrolle zu halten helfen. Außerdem finden sich in einer Anzahl von frisch fermentierten (vergorenen) Nahrungsmitteln erhebliche Mengen von lebenden Laktobakterien. Aber nach kurzer Zeit bleiben nur noch Milchsäure in hoher Konzentration und wenig lebende Laktobakterien zurück. Da es sich bei Milchsäure um ein Stoffwechselabfallprodukt handelt, sollten milchsaure Produkte nicht in größeren Mengen verzehrt werden. Folglich ist es am besten, fermentierte Lebensmittel zu Hause frisch zuzubereiten und innerhalb eines Tages zu verbrauchen.
Wenn Sie dieses Darmreinigungsprogramm durchführen oder meine Laktobakteriennahrung einnehmen, werden Sie Ihre Kost nur selten mit Laktobakterien ergänzen müssen. Es gibt aber besondere Zeiten, in denen der Verzehr fermentierter Nahrung wichtig sein kann. Das gilt zum Beispiel für die Zeit nach der Behandlung mit Antibiotika, denn diese töten alle Bakterien im Verdauungstrakt ab. Nach Beendigung einer Antibiotikabehandlung werden sich die Fäulnisbakterien schnell wie-

der im Darm einnisten, weil sie in unserer Umgebung allgegenwärtig sind. Dagegen werden sich die Laktobakterien häufig eine ganze Zeit lang nicht wieder ansiedeln, es sei denn, man ergreift spezielle Maßnahmen, um sie wieder in den Organismus einzuführen.

Ein zweiter Fall, bei dem im Grunde alle Laktobakterien im Dickdarm zerstört werden können, tritt ein, wenn man Darmspülungen oder Einläufe mit chloriertem Wasser macht. Normalerweise wird dem städtischen Leitungswasser Chlor zugesetzt, um es frei von lebenden Bakterien zu halten. Bei Darmspülungen und Einläufen sollte man sich deshalb am besten vergewissern, daß dabei gereinigtes Wasser benutzt wird, dem man alles Chlor entzogen hat. Sonst kann es notwendig sein, die Laktobakterien anschließend wieder in den Organismus zu implantieren.

Schließlich ist es bisweilen auch wünschenswert, eine stark geschwächte Verdauung mit lebenden Laktobakterien zu unterstützen, weil das manchmal »Tote zum Leben erwecken« kann. Dies hat am Anfang eines geeigneten Naturheilverfahrens, zu dem auch richtige Reinigung und Aufbaukost gehören, zu geschehen. Man sollte aber nicht zu dieser Maßnahme greifen, um die normalen Symptome bei Verdauungsschwäche zu erleichtern.

Wenn man Laktobakterien zuführen will, so empfiehlt es sich, dies in Form von Rejuvelac zu tun. Rejuvelac können Sie durch Fermentierung von Weizenkörnern oder frischem Kohl herstellen. Wie bereits erwähnt wurde, stammen die Laktobakterien in der Milch aus den Pflanzen, welche die Kühe fressen. Kohl ist ein Gemüse, auf dem es nur so von Laktobakterien wimmelt. Um Kohl-Rejuvelac anzusetzen und die Gärung auszulösen, brauchen Sie keinen Starter. Zu Beginn mixen Sie an einem Morgen 1 $^{3}/_{4}$ Tassen destilliertes oder gereinigtes Wasser mit 3 Tassen grob geschnittenem, locker liegendem frischen Kohl und $^{1}/_{8}$ Teelöffel granuliertem, getrocknetem Knoblauch zusammen. Stellen Sie den Mixer zuerst auf die niedrigste Geschwindigkeit, gehen Sie dann auf die höchste Stufe, und mixen Sie das Ganze etwas länger als 30 Sekunden! Dann gießen Sie die Mischung in ein größeres Gefäß, decken es zu und lassen alles bei Zimmertemperatur drei Tage lang stehen. Danach können Sie das flüssige Rejuvelac abgießen. Die erste Portion von Kohl-Rejuvelac braucht drei Tage zur Reifung; die folgenden Portionen brauchen jeweils nur noch 24 Stunden. Vom dritten Tag an setzen Sie jeden Morgen wieder frisches Rejuvelac an, so wie oben beschrieben, aber nur mit 1 $^{1}/_{2}$ Tassen Wasser. Statt dessen geben Sie der neuen Mischung $^{1}/_{4}$ Tasse fertiges Rejuvelac zu, decken das Gefäß zu, schütteln es und lassen es bis zum nächsten Morgen bei Zimmertemperatur stehen. Sie können Kohl-Rejuvelac auch ohne Mixer zubereiten: Nehmen Sie dazu nur 2 $^{1}/_{2}$ Tassen ganz fein gehackten Kohl (statt 3 Tassen beim Mixen) auf dieselbe Menge Wasser und Knoblauch! Weizen-Rejuvelac wird wie folgt zubereitet: Waschen Sie 1 Tasse Bio-Weizen gründlich, und lesen Sie die an der Oberfläche schwimmenden toten Körner aus! Dann weichen Sie den Weizen mit 2 bis 3 Tassen reinem Wasser 48 Stunden in einem großen (Schraub-)Glas ein, geben etwas Zitronensaft dazu und verschließen das Glas gut (mit Tüll oder Gaze). Lassen Sie es an einem dunklen, ruhigen Platz stehen! Wenn nach zwei Tagen kleine

Bläschen nach oben steigen, rühren Sie um, lassen den Weizen wieder absinken und gießen das fertige Rejuvelac ab. Danach geben Sie wieder 2 bis 3 Tassen Wasser auf die Weizenkörner, verschließen das Ganze und können nach 24 bis 48 Stunden wieder Rejuvelac abgießen. Dieses Verfahren können Sie drei- bis viermal wiederholen, bis Sie wieder mit frischen Körnern anfangen sollten.
Gutes Rejuvelac hat einen zart säuerlichen Geschmack, der zwischen Mineralwasser und Joghurtmolke liegt. Schlechtes Rejuvelac schmeckt und riecht etwas faulig (wie Käse) und sollte nicht getrunken werden. Benutzen Sie auf keinen Fall Leitungswasser zur Herstellung von Rejuvelac, denn Leitungswasser wird in vielen Fällen gechlort mit der Absicht, Bakterien aller Art abzutöten.
An manchen Orten muß man in dem Raum, wo man Rejuvelac ansetzt, einen Ionisator (zur Erzeugung von negativen Ionen) benutzen, um Rejuvelac von guter Qualität zu erhalten. Negative Ionen haben eine stark hemmende Wirkung auf das Wachstum schädlicher Bakterien, erlauben aber dennoch den Laktobakterien, sich frei zu vermehren. Diese hemmende Aktivität beruht wenigstens teilweise darauf, daß schädliche Bakterien aus der Luft entfernt werden. An manchen Orten ist es sonst unmöglich, gutes Rejuvelac zu erhalten.
Das frische Rejuvelac sollten Sie am selben Tag trinken, und zwar am besten je eine halbe Tasse zu jeder Mahlzeit. Sie können Rejuvelac auch während des Darmreinigungsprogramms trinken, um noch bessere Resultate zu erzielen. Wenn Sie Rejuvelac auf Dosierungsebene G bis I benutzen, sollten Sie viermal täglich eine $^3/_4$ Tasse trinken (zusammen mit jeder Dosis Massebildner und

Reinigungstabletten). Stellen Sie Rejuvelac in den Kühlschrank, wenn Sie es bis zum nächsten Tag aufbewahren wollen. Schütten Sie altes Rejuvelac lieber weg, wenn seit dem Abgießen von den Weizenkörnern oder dem Kohl mehr als 24 Stunden vergangen sind.

Wenn Sie Rejuvelac trinken, sollten Sie gleichzeitig auch immer Laktobakteriennahrung einnehmen. Das sorgt dafür, daß Rejuvelac seine optimale Wirkung entfaltet.

Der Wert von Rejuvelac sollte nicht mit demjenigen von gefriergetrockneten Acidophilustabletten verwechselt werden. Während Rejuvelac lebende Laktobakterien enthält, sterben nach der Gefriertrocknung die Laktobakterien in wenigen Wochen ab. Der Anteil an lebenden Laktobakterien mag zufriedenstellend sein, wenn solche Präparate den Hersteller verlassen, ist aber zu dem Zeitpunkt, in dem das Produkt den Verbraucher erreicht, meistens auf ein unbedeutendes Niveau abgesunken. Ferner sind die im Handel erhältlichen Acidophiluskulturen gewöhnlich noch schlechtere Quellen von lebenden Laktobakterien als die gefriergetrockneten Tabletten.

Regeneration des Dickdarms

In vielen Fällen wird der Dickdarm in zufriedenstellender Weise funktionieren, sobald er einmal gründlich gereinigt ist, eine gesunde Laktobakterienpopulation implantiert wurde und man zu einer atoxischen Kost von Gemüse, Früchten, Sprossen, Honig oder Ahornsirup (wenn gewünscht), einmal Hirse pro Tag sowie Kelp und Zink als Ergänzung übergeht. Sollte jedoch der Dickdarm

massiv geschwächt sein, wird sich die Kolon-Sanierung nur als erster, wenn auch entscheidender Schritt bei der Anwendung natürlicher Heilverfahren erweisen. Um den Körper bei der Wiederherstellung der vollen Darmgesundheit zu unterstützen, wird es notwendig sein, sich regelmäßig an atoxische Kost zu halten, für eine gesunde Laktobakterienpopulation im Darm zu sorgen und über einen beträchtlichen Zeitraum hinweg ein intensives Bewegungsprogramm durchzuführen, denn nur so kann der Dickdarm seine normale Form und seinen richtigen Tonus wiedergewinnen.
Das Training der Defäkationsreaktion (Stuhlentleerungsreaktion) ist für die Gesundheit des Dickdarms von größter Wichtigkeit. Wenn der Organismus richtig funktioniert, zeigt er einen gastrokolischen Reflex (Magen-Dickdarm-Reflex), der jedesmal, wenn der Magen gefüllt ist, eine Stuhlentleerung auslöst. Wenige Menschen haben jedoch nach jeder Mahlzeit Stuhlgang. Das liegt zum Teil daran, daß wir diesen Reflex durch schlechte Gewohnheiten unterdrückt haben. Denn man hat uns von klein auf beigebracht, den Darm daran zu hindern, sich so oft wie möglich zu entleeren. Deshalb warten wir im allgemeinen ab, bis der Ruf der Natur überwältigend ist, bevor wir uns zur Toilette begeben.
Um die Defäkationsreaktion wieder einzuüben, müssen wir diese Gewohnheit ändern. Achten Sie nach jeder Mahlzeit einen Moment lang darauf, ob Sie irgendwie einen Stuhldrang oder nur ein Völlegefühl im Mastdarm verspüren. Sie sollten unbedingt jedesmal zur Toilette gehen, wenn sich auch nur der leichteste Drang zu einer möglichen Darmentleerung ankündigt, selbst wenn Ih-

nen das auftretende Gefühl viel zu schwach erscheint, um zum tatsächlichen Stuhlgang zu führen. Bleiben Sie auf der Toilette, warten Sie, setzen Sie die Unterleibsmuskeln ein, und versuchen Sie, etwas zur Ausscheidung zu bringen, auch wenn es noch so wenig ist. In der Hocke geht das besser als im Sitzen, denn dabei geht der Stuhlgang leichter ab.

Lassen Sie in diesem Training nicht nach; gleichzeitig sollten Sie bei der atoxischen Kost bleiben, Laktobakteriennahrung zuführen und ein intensives Übungsprogramm durchführen. Dadurch werden Sie allmählich einen Punkt erreichen, wo Sie ohne große Mühe an den meisten Tagen mindestens zweimal Stuhlgang haben.

Akute Beschwerden

In Kapitel 2 haben wir bereits über akute Beschwerden gesprochen und festgestellt, daß ein toxisches Lymph- und Verdauungssystem die Fähigkeit des Körpers beeinträchtigen, mit solchen Zuständen fertig zu werden. An dieser Stelle ist es nicht unsere Absicht, bestimmte Behandlungsmethoden für spezifische Krankheiten aufzuzeigen, sondern Verfahren zu erklären, welche die Erholungsfähigkeit des Körpers stärken und ihn so in die Lage versetzen, alle möglichen Beschwerden zu überwinden.

Während einer akuten Krankheit sollte man täglich ein- bis zweimal die Haut bürsten und Einläufe machen. Am besten führen Sie die Bürstenmassage durch, unmittelbar bevor Sie Einläufe machen, und streichen dabei bis zu viermal über die ganze Körperoberfläche. Wer nicht an die Bürstenmassage gewöhnt ist, sollte jeweils nur eine streichende Bewegung ausführen. Durch diesen Druck wird der Lymphschleim gezwungen, in den Dickdarm abzufließen. Sobald ein Einlauf erfolgt, öffnen sich die Kanäle für diesen Abfluß, was in gewissem Umfang zur Entgiftung der Lymphe führt.

Wenn Sie einen Einlauf machen, sollten Sie auf einmal so viel Wasser in den Darm laufen lassen, wie Sie ohne Mühe halten können. Am besten verwenden Sie destilliertes, gereinigtes Wasser oder Quellwasser, denn das Chlor im Leitungswasser tötet die freundlichen Laktobakterien im Dickdarm. Kocht man Leitungswasser 30 Minuten lang in einem offenen Topf, verschwindet das Chlor. Das Wasser für den Einlauf sollte etwa körperwarm sein, denn wenn es zu kalt ist, meldet sich der Drang zur Ausscheidung schneller. Wenn Sie das Wasser in den Körper laufen lassen, sollten Sie den Irrigatorbecher nicht zu hoch hängen, denn dadurch fließt das Wasser so schnell in den Körper ab, daß der Drang zur Entleerung sich sofort meldet. Falls Sie dabei flach auf dem Boden liegen, stimmt die Höhe ungefähr, wenn Sie den Behälter an die Türklinke hängen. Sobald der Darm alles Wasser aufgenommen hat, sollten Sie versuchen, es so lange wie möglich zu halten. Sie können auch zwei (oder drei) kleinere Einläufe hintereinander machen. Selbst wenn kein Kot zur Ausscheidung kommt, führen die Einläufe doch zu starken reflexologischen Reaktionen im ganzen Körper und zu einer deutlichen Belebung.

In Zeiten der Bettlägerigkeit sollte die Ernährung auf Lebensmittel, die vollständig frei von mukoidbildender Aktivität sind, beschränkt werden. Da in solchen Zeiten

Essen nicht wichtig ist, sollte keinerlei Zwang ausgeübt werden, wenn man keinen Hunger hat. Sobald das Stadium der Bettlägerigkeit vorüber ist, kann man zusätzlich zu Gemüse, Früchten und Sprossen Hirse essen.

Anhang

Erfahrungen mit der Darmsanierung

»Ihr umfassendes Buch und Ihr wunderwirkendes Reinigungsprogramm haben mir ein erregendes, neues Gefühl von Gesundheit und Wohlbefinden geschenkt. Meinen herzlichen Dank für Ihr wunderbares Werk!«

L. M., San Mateo, CA

»Ich habe mein ganzes Leben lang unter Gesundheitsproblemen und schlechter Ausscheidung gelitten. Nun mache ich gerade Ihr Darmsanierungsprogramm. Dies ist die vollkommenste und gründlichste Methode, die mir je begegnet ist. Meine Ergebnisse sind gut. Ich habe nur einen Monat hinter mir und plane, noch einen zweiten anzuhängen. Bei diesem Programm fehlt alles Unangenehme oder Strenge, und deshalb möchte ich es auch weiterempfehlen. Ich hatte seit dreißig Jahren Schuppenflechte, und sie ist nun schon am Verschwinden.«

N. B. S., Windsor, MS

»Ich habe gerade mit dem Darmreinigungsprogramm begonnen, so wie es in Ihrem *Darm-Heilungsbuch* dargestellt wird, und ich bin sehr erfreut über die schnellen Ergebnisse. Danke für all die Energie, die Sie für die Entwicklung dieses Programms eingesetzt haben!«

J. M., Marysville, OH

»Danke! Danke! Danke für Ihr wunderbares Werk, das *Darm-Heilungsbuch!* Ich habe 44 Jahre lang im Tal des Todes verbracht. Nun bin ich im Land der Lebenden. Die Besserung meines Gesundheitszustandes ist enorm. Die Ergebnisse sind wunderbar: 1. bessere Verdauung; 2. Darmkrämpfe wesentlich gebessert; 3. Besserung nach zwei Krampfaderoperationen; 4. Rückfall nach einer Bruchoperation, aber jetzt Besserung; 5. Besserung beim schlimmen Zustand der Nebenhöhlen; 6. Besserung bei Magengeschwüren; 7. Besserung bei Migräne; 8. Muskulatur in besserer und kräftigerer Verfassung; 9. Besserung bei rheumatischer Arthritis – weniger Schmerzen nach 36 Jahren des Leidens. Machen Sie weiter mit Ihrer guten Arbeit! Sie wird allen Kranken helfen.«

M. S., Cleveland, OH

Für mich ist Ihr *Darm-Heilungsbuch* eines der besten Gesundheitsbücher, die je veröffentlicht wurden. Ich habe andere Bücher zum Thema Dickdarm gelesen, aber Ihres ist das allerbeste. Sie sind der Experte! Ich mache Ihr Reinigungsprogramm nun schon drei Monate lang und habe mit keinem der anderen sogenannten Reinigungsprogramme jemals bessere Ergebnisse erzielt. Ihr Programm hält, was Sie versprechen: Es ist das beste! Ich danke Ihnen nochmals dafür.«

J. F., Green Bay, WI

»Ich möchte Ihnen zu Ihrem ausgezeichneten *Darm-Heilungsbuch* gratulieren. Es fügt meiner Praxis eine ganz neue Dimension hinzu. Dafür danke ich Ihnen sehr.«

P. H., Doktor der Chiropraktik

»Ich habe gerade Ihr *Darm-Heilungsbuch* erhalten und gelesen. Von Ihrem Wissen und dem Programm bin ich ungeheuer beeindruckt, und ich möchte Ihnen dafür danken, daß Sie es uns zugänglich gemacht haben. Während des letzten Jahres hatte ich einige erhebliche Schwierigkeiten bei dem Versuch, andere Reinigungsprogramme durchzuführen. Ihr Programm ist genau das, was ich gesucht habe, und es scheint, daß sich ein Traum verwirklicht. Ich danke Ihnen sehr.«

B. D., Holyoke, MS

»Zufällig sah ich eine Anzeige für Ihr *Darm-Heilungsbuch*, und ich habe dann das von Ihnen vorgeschlagene Programm durchgeführt. Die Klarheit des Buches, die Einfachheit des Programms und die Resultate sind einfach phantastisch. Mit diesem Brief möchte ich Ihnen dafür danken, daß Sie Ihr Wissen zu diesem Thema mit uns teilen und dieses Programm entwickelt haben. Offensichtlich bin ich zu einem großen Bewunderer Ihrer Arbeit geworden.«

V. M. B., Chicago, IL

»Sobald ich mit diesem Programm begonnen hatte, empfand ich fast von Anfang an ein Gefühl des Wohlbefindens – ich fühlte mich einfach rundum besser. Ich kann mich nicht daran erinnern, mich jemals so gut gefühlt zu haben.«

M. F., zugelassener Gesundheitspraktiker

»Ich besitze Ihr kleines Werk, das *Darm-Heilungsbuch*. Es gefällt mit sehr gut, denn ich bin Kolontherapeut, und dies ist die beste Information, die ich je gelesen habe, einschließlich eines Buchs von einem bekannten Arzt.«

D. S., Phoenix, AZ

»Zu meiner Freude erhielt ich ein neues Exemplar von Robert Grays *Darm-Heilungsbuch*. Ich fand es äußerst faszinierend und informativ, und es ist eine wichtige Ergänzung für die Bibliothek aller Menschen, die daran interessiert sind, ihre persönliche Gesundheit so gut wie möglich zu pflegen. Die Tatsache, daß Robert Gray eine Methode entwickelt hat, mit der jeder seinen Dickdarm selbständig auf wirksame und ökonomische Weise reinigen kann, stellt einen bedeutenden Durchbruch bei der Suche nach besserer Gesundheit dar.«

F. B., Chapala Jalisco, Mexiko

»Mit diesem Brief möchte ich Ihnen dafür danken, daß Sie das *Darm-Heilungsbuch* verfaßt haben. Für dieses wunderbare Werk möchte ich Ihnen meine aufrichtige Hochachtung ausdrücken. Für mich gehört es zu den besten Gesundheitsbüchern, die ich je gelesen habe und die jemals verfaßt worden sind (und ich habe eine ganze Menge solcher Bücher gelesen). Vor fast zwanzig Jahren habe ich mir eine krebsähnliche Krankheit zugezogen, nur handelt es sich dabei um eine Pilzerkrankung an Stelle von unkontrolliertem Zellwachstum. Sie wissen, was für eine Überlastung Krebs für das Lymphsystem bedeutet. Pilze haben im Grunde dieselbe Wirkung. Ich habe gerade mit Ihrem Kräuterprogramm begonnen und fühle mich dabei schon sehr viel besser, und das einzige, dem ich diese Wirkung zuschreiben kann, ist Ihr Programm.«

E. E., Isla Vista, CA

»Nachdem ich vor kurzem Ihr *Darm-Heilungsbuch* bestellt hatte, habe ich es sehr gründlich gelesen. Ich war sehr skeptisch, denn ich habe schon alles ausprobiert, von dem ich je gehört habe, und das ist eine ganze Menge. Ich bin 62 Jahre alt, und ich kann mich nicht daran erinnern, jemals normalen Stuhlgang gehabt zu haben. Bei der Lektüre Ihres Buchs wurde mir klar, was mein Problem war, und Ihr Kräuterreinigungsprogramm war einen Versuch wert. Es ist wie ein Wunder: Nach nur einer Woche fühle ich mich wie ein neuer Mensch. Dreimal täglich habe ich gewaltigen Stuhlgang. Ich danke Gott zu jeder Stunde dafür, daß er mir dieses Buch geschickt und mir den richtigen Weg gezeigt hat. Kein anderer wird je die Schmerzen und Beschwerden ermessen, die ich wegen meines trägen und verstopften Dickdarms durchlitten habe. Ich habe nie gewußt, was gute Gesundheit sein kann, aber nun werde ich es erfahren. Gott sei Dank, und Ihnen auch!«

H. H., Ridgeway, VA

»Wegen Asthma und Allergien konnte ich zwei Jahre lang nicht den Rasen mähen, Golf spielen oder im Garten arbeiten. Aber die Lektüre von Robert Grays Buch über Darmgesundheit hat mich wieder dazu gebracht, daß ich im Garten arbeiten und meinen eigenen Rasen (1,2 ha) mähen kann. Außerdem habe ich vor, in diesem Jahr wieder Golf zu spielen. Ich fühle mich jetzt besser als in den letzten drei Jahren.«

R. E. B.

»Mit diesem Schreiben möchte ich Ihnen dafür danken, daß Sie mein Leben gerettet oder zumindest verlängert haben. Als ich die Anzeige für Ihr *Darm-Heilungsbuch* las, war ich schon drei Jahre lang wegen einer Vielzahl von Beschwerden in ärztlicher Behandlung, wie Scheidenentzündungen, unerklärliche Fieberanfälle, Infektionen der Harnwege, unersättlicher Appetit, Blähungen und Aufgedunsenheit von Augen, Gesicht, Händen, Fußgelenken – und all dies zusammen mit einem scheußlichen Körpergeruch. Da die Ärzte die Ursache nie bestimmen konnten, sagten sie mir Sachen wie: ›Sie sind fast vierzig, was erwarten Sie da?‹ oder ›Sie brauchen ein aktiveres Sexualleben‹ oder ›Schränken Sie Ihr Sexualleben ein!‹ (ohne mir je Fragen zu meinem Sexualleben zu stellen!). Ich habe mit Ihrem Darmreinigungsprogramm begonnen, und allmählich hat sich mein Gesundheitszustand gebessert.«

G. A., Buffalo, NY

Tabelle 1: Mukoidbildende Wirkung von Nahrungsmitteln und Präparaten*

Zur Anordnung der Tabelle: Der Grad der mukoidbildenden Aktivität nimmt von oben nach unten ab; ganz oben stehen die hochgradig mukoidbildenden Nahrungsmittel, ganz unten diejenigen, die frei von Mukoidbildung sind (siehe auch Kapitel 3).

Kuhmilch und alle daraus hergestellten Produkte
Fleisch und Fleischprodukte (auch Fisch, Geflügel, Eier) – Ziegenmilch
Sojabohnen und Sojaprodukte (Tofu usw.)
Protein- und Hefepulver/-tabletten
Hülsenfrüchte – Buchweizen
Getreide (außer Hirse) und Getreideprodukte
Präparate zur Nahrungsergänzung (Vitamine, Mineralstoffe, Enzyme usw.)
Ölsaaten (Nüsse, Samen, Kerne) – Hirse
Honig (je nach Sorte)
Kartoffeln (Schälkartoffeln)
Sprossen und Keime (nach mehreren Tagen)
Gemüse und Obst (unbehandelt)

* Bei dieser Liste (nach Kapitel 3) fällt auf, daß sie im großen und ganzen der entsprechenden Liste säurebildender Nahrungsmittel (Azidosebildung) entspricht (Anm. d. Ü.).

Tabelle 2: Anwendungstabelle

Dosierungsebene	Anzahl der Teelöffel (jeweils gestrichen voll) mit Massebildner pro Einnahme	Anzahl der Reinigungstabletten pro Einnahme	Anzahl der Einnahmen pro Tag	Mindestanzahl der Tage auf dieser Dosierungsebene	Datum, an dem Sie mit dieser Ebene begannen
Verträglichkeitstest	2	keine	2	3	
A	1	keine	1	3	
B	1	keine	2	3	
C	2	keine	1	3	
D	2	1/2	1	3	
E	2	1/2	2	3	
F	2	1	2	14	
G	2	1	4	14	
H	2	2	4	21	
1	2	3	4	ohne Begrenzung	

Wichtig: Pro Teelöffel Massebildner einen Viertelliter Flüssigkeit trinken!

Tabelle 3: Darmreinigung auf einen Blick

A. Durchführung der Darmreinigung

1. Beginnen Sie *immer* beim Verträglichkeitstest (auch nach über 3 Wochen Pause bei der Darmreinigung – bei kürzeren Pausen 1 bis 2 Ebenen zurück)
2. Im Normalfall – also bei guter Verträglichkeit – nach 3 bis 5 Tagen sofort weiter zu Dosierungsebene E
3. Bei Unverträglichkeit: sofort aufhören, 3 Tage warten, neuer Start auf Ebene A, dann weiter mit B, C und D
4. Auf jeder Ebene so lange bleiben, wie angemessen (die Zahl der angegebenen Tage ist das Minimum!)
5. Zuletzt bis zum Abschluß des Programms auf Ebene I bleiben
6. Abschluß des Programms: zuerst Reinigungstabletten, dann innerhalb von 3 bis 5 Tagen Massebildner absetzen – Übergang zu Laktobakteriennahrung (und Rejuvelac) nach Belieben

B. Wichtige Punkte bei der Einnahme

1. Pro Teelöffel Massebildner $^1/_4$ Liter Flüssigkeit trinken (Massebildner am besten in die Flüssigkeit einrühren) – danach Reinigungstabletten mit Flüssigkeit einnehmen (je nach Ebene)
2. Geeignete Flüssigkeiten: reines Wasser, naturreiner Apfelsaft (keine Zitrussäfte)
3. Massebildner und Reinigungstabletten immer zur gleichen Tageszeit einnehmen!

4. Einnahme 1 Stunde vor oder nach Mahlzeiten
5. Keines der drei Präparate durch etwas anderes ersetzen
6. Bei stark von der Norm (60 kg) abweichendem Gewicht Dosierung entsprechend ändern

C. Fortschritte bei der Darmreinigung und ihre Kontrolle

1. Fortschritte durch Beobachtung von Stuhlhäufigkeit, Stuhlmenge und Reinigungsreaktionen kontrollieren
2. Bleiben Sie auf der Ebene mit der größten Zunahme von Stuhlhäufigkeit und -menge (ohne Reinigungsreaktionen)
3. Bei zu schnellem Übergang auf eine höhere Ebene auf die nächste Ebene zurückgehen – dort mindestens so lange bleiben, bis die Gesamtdauer auf dieser Ebene doppelt so lang ist wie bisher
4. Für alle, die Ebene A bis D durchlaufen haben, gilt: von E an mindestens so lange auf jeder höheren Ebene bleiben, wie die Durchschnittsdauer auf den Ebenen A bis D war
5. Bei Problemen mit Verstopfung (auf höheren Ebenen): »Mögliche Reinigungsreaktionen« in Kapitel 5 lesen

Bestellungen und Informationen

Einen Bestellschein mit Preisliste, die Präparate sowie eine Broschüre zur Darmsanierung nach Gray können Sie in Deutschland bestellen bei:

Gesundheitsimporte Döring
Inh. Irmgard M. Döring
Robert-Bosch-Str. 48–50
D-88353 Kißlegg/Allgäu
Tel. 0 75 63/88 28
Fax 0 75 63/88 27

Unter dieser Adresse erhalten Sie auch Bezugsadressen für Österreich, Schweiz und Italien für Besteller/innen aus den jeweiligen Ländern.

Wenn Sie sich in den USA informieren wollen, können Sie sich wenden an:

Holistic Horizons
338 N. Canal St., Suite 22
South San Francisco, California 94080
Tel. (415) 871/8603
Fax (415) 871/8606

Knaur

ALTERNATIV HEILEN

(76021)

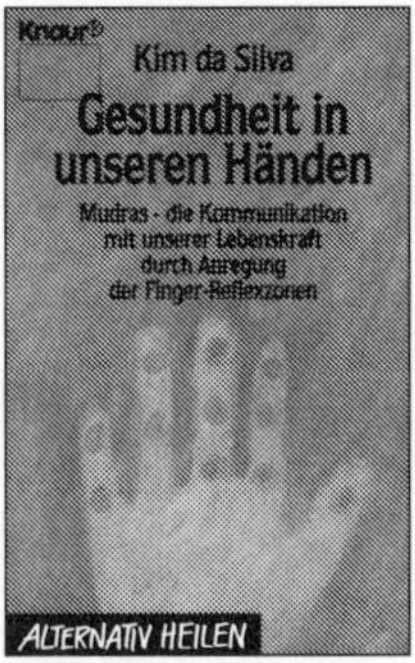

(76019)

(76020)

(76004)

(4259)

(76003)